AF391221

MATGIOI

MATGIOI

(A. de Pouvourville).

MATGIOI

et son rôle dans

SOCIÉTÉS SECRÈTES CHINOISES

PAR

THÉOPHANE

Etude suivie d'un résumé
de la métaphysique Taoiste

PARIS VIᵉ
LIBRAIRIE HERMÉTIQUE
4, RUE DE FURSTENBERG, 4

1910

le besoin de la propagande déshonore
d'abord, détruit ensuite les sociétés de
crêtes qui s'y laissent entraîner. Les vrais
apôtres ne recherchent pas de disciples. Les
vrais maîtres ne réclament pas d'élèves.
Les vrais initiés n'initient personne.
Le « Vox clamantis in deserto » est vrai
dans toutes les races et à toutes les époques.
Le sage qui clame dans la foule n'est plus
qu'un baladin ; le sage qui clame dans le
désert n'est plus un sage puisqu'il fait une
besogne inutile. C'est pourquoi Laotseu
a dit vrai quand il a proclamé que le
sage se tait. On l'écoute, dit-il, et on
ne l'écoute pas.

Matgioi.

Lettre autographe de Matgioi.

INTRODUCTION

Nous entreprenons la tâche de présenter, dans la collection des biographies des Maîtres de l'Esotérisme contemporain, l'individualité originale de celui qui peut être considéré comme le premier importateur en Occident de la sagesse extrême orientale ; nous avons nommé Matgioi. Qu'on nous permette tout d'abord de donner l'étymologie du pseudonyme sous lequel M. de Pouvourville présenta ses études métaphysiques et philosophiques Taoistes et d'indiquer les raisons qui le déterminèrent à choisir ce nom pour en revêtir l'individualité nouvelle que créa le contact des maîtres qui l'enseignèrent.

Dans la langue chinoise, comme toute langue idéographique, on considérera que chaque caractère doit être interprété sous trois sens différents : le premier désigne l'objet matériel dans sa forme extérieure ; le second, sa qualité dans le plan moral ou intellectuel ; le troisième son attribut spirituel.

Matgioi littéralement œil (Mat), jour (gioi), désigne donc le soleil, autrement dit l'œil du ciel pendant le jour, par opposition à Matgiang qui désigne la lune, l'œil du ciel pendant la nuit.

Si nous examinons le deuxième sens intellectuel de Matgioi, nous constatons qu'il désigne la plus haute expression de la lumière, puisque le soleil est la lumière la plus intensément pure qui soit donnée en contemplation au sens visuel.

Nous pouvons donc dire que sur le plan intellectuel, Matgioi désigne LE GRAND SAVOIR.

Enfin, si nous transposons Matgioi dans le plan spirituel, nous voyons que le *grand savoir* du plan intellectuel devient la Vérité absolue ; c'est d'ailleurs cette dernière traduction qui détermina pour M. de Pouvourville le choix de son pseudonyme.

Nous devons à la vérité de déclarer que ce choix fut agréé et consacré au cours d'une cérémonie secrète dans laquelle Matgioi reçut, au mois d'octobre de l'année 1890, l'investiture initiatique. Il ne nous est pas permis de rendre compte de cette solennité, dont le secret ne nous appartient pas ; cependant nous empruntons, pour l'édification du lecteur, à une œuvre de Magioi, ayant pour titre : « De l'autre côté du mur », la description d'une cérémonie analogue qui en fera comprendre toute l'importance.

Par la nuit complète, le ciel couvert des épaisses ténèbres d'un orage rapproché, l'ombre étant, à dix pas, opaque et presque matérielle. A un détour du chemin, sous des multipliants gigantesques, à proximité d'un étang à moitié desséché, la pagode apparaît découpée plus sombre encore sur le ciel noir.

Tout semblait solitaire et silencieux ; *Ong Luu* monta les degrés, jaunis et usés par le passage de tant de fidèles. Sa voix s'éleva sonore sous les auvents et sous les toits.

« — Es-tu là, Phap ? »

Une voix lointaine blanche, presque plaintive, répondit dans l'obscurité troublante ou passaient des souffles de mystères :

« — Je suis là, Luu, je prie les Dieux. »

Ong Luu s'avança lentement, frôlant les piédestaux de pierre, franchissant les passages étroits et longs ménagés entre les rangs des statues, montant précautionneusement les degrés cachés dans l'ombre qui s'étageaient jusqu'à l'autel final L'immense pagode doublait encore d'étendue dans les ténèbres.

Dans la pénombre lugubre, tout le peuple des dieux d'Annam semblait veiller et vivre.

Sur l'autel de tête qui, au milieu de l'immense péristyle, cachait les degrés qui menaient aux autres autels était le grand Khiu-Lang de Thap-Khiep, jeune Dieu d'or massif, où gît le secret des sages, dernière manifestation de l'absolu, issant de la fleur génératrice entr'ouverte et portée par quatre Thieu-Tien en prières, dieux accompagnateurs, également recouverts de plaques d'or et symbolisant l'hommage des quatre mondes : sensible, sentimental, intellectuel et mystique. Autour de lui, le nimbait une gloire d'or aux nuages amoncelés, d'où sortaient les têtes de dix

génies serviteurs ; et, du nuage supérieur, les ailes
déployées, les cornes droites, s'envolait en triomphe
le dragon sur qui chevauche, à travers le temps et
l'immensité, l'idée de l'Incommunicable Eternel.

Cette masse d'or, œuvre géniale de quelque Saint
aux doigts d'artiste et au front de penseur, ouvrait
magnifiquement, pour la foule, le sanctuaire des
merveilles, et pour les sages, le temple du mystère.

Autour de lui, des bo-that immortalisés en la pos-
ture de dieux bienveillants, amis de l'homme et veilleurs de sa destinée, symbolisaient, par leur face et
leurs mains dorées, l'illumination intérieure que leur
avait donnée la connaisance universelle, au-dessus
des textes et en dehors des gnoses.

Et derrière eux, en forme de cour, les An-Khadiep,
Khoa-Tu, dieux de la paternité physique et intellectuelle, debout, les mains jointes, la figure argentée :
le Pho-Huc, assis, tenant en ses mains croisées, un
bouton de fleur et une fleur éclose, image de la
science imparfaite et transmise, et de la science
entière, que l'étude seule peut acquérir ; et, autour
de lui, les Om-Thé-Thi, faits à sa ressemblance, sou-
venirs matérialisés des bonzes pieux, des Phaps
audacieux, des Phu-Tuy solitaires, des Tong-Sang
découvreurs de mystères, qui, par leurs travaux, ont
atteint sur terre les derniers degrés de la vertu, de
la puissance et du savoir.

A droite et à gauche de ce premier autel, légère-
ment en contre-bas, dix statues de guerriers sanctifiés,
en robe jaune, figurent les Thap-Dien, esprits des rois

morts, monuments funéraires dédiés au Thân, élément psychique des souverains disparus, lequel plane
toujours au-dessus des pays qu'ils ont commandés,
tutélaire des bons serviteurs, mais changeant, et
inquiet du bien qu'il aurait pu faire et qu'il a négligé
d'accomplir ; et c'est ainsi que les Thap-Dien demeurent à l'entrée de l'infini, jusqu'à ce que l'esprit de
leurs successeurs ou l'accumulation mathématique de
leurs mérites supplée, grâce au temps, à l'insuffisance
de leurs œuvres terrestres.

Devant leur double théorie Ma-Dien et Ngheu-
Dau — que l'opinion populaire appelle des esprits
malfaisants — gardent les images de toute souillure ;
épouvantail des âmes simples, l'un à tête de cheval,
armé d'une lance sacrée, l'autre à tête de buffle,
armé d'une massue à pointes de fer, ils avertissent
les chercheurs du danger de leurs recherches et arrêtent sur le chemin qui côtoie le mal, ce précipice
moral, et la folie, ce précipice intellectuel, les cœurs
et les esprits prompts à s'effaroucher des apparences.

Sur le même rang que l'autel qui soutient le Khiu-
Lang de Thap-Kiep, sont les deux Ho-Phap, colos-
sales statues des gardiens du seuil, géants veilleurs
des trésors, l'un à la figure douce et blanche, tenant
en main une boule d'or ; l'autre, punisseur du sacri-
lège, assis sur une chimère prête à bondir, la figure
rouge, le poing droit, l'œil menaçant ; autour d'eux,
les Bo-That bienveillants et donneurs de conseils
étagent leurs figures blanches, leurs mains à l'index
dressé.

Enfin, le long des murs de soutènement de la
pagode, à moitié sculptés dans la pierre dure, encas-
trés pour jamais dans l'édifice dont ils semblent sou-
lever les toits de leurs robustes épaules, les huit
Kim-Kuong, dieux de la guerre, esprits combattants,
les muscles saillants, le masque rouge au visage, le
sabre clair, menaçant de tous leurs gestes et de toute
leur masse, arrêtent l'inquiet, épouvantent le pusil-
lanime, stupéfient l'indifférent. et portant au cœur
des foules une crainte salutaire, rendent la science
plus inaccessible et les savants plus révérés.

Une grande cloche de bronze, autour de laquelle
se tord le dragon symbolique, attend l'appel des
fidèles et double les bruits extérieurs dans ses cavités
merveilleusement sonores.

Tel est le péristyle de Phu-Nhi. Formidable aux
jours de fête, il arrête les fidèles prosternés et impres-
sionne la foule jusqu'au cri.

Ong-Luu traversa le cénacle des divinités immo-
biles et, le flambeau à la main, s'engagea sur les
degrés ténébreux du mystère.

Sur de grands cubes de pierre, dont chacun dépasse
en hauteur celui qui le précède, et qui semblent des
tables d'holocauste, s'élèvent de façon à ce que
d'un seul coup d'œil elles soient embrassées toutes,
les figures les plus augustes du culte primordial.

Là, Qua-Haï, le traverseur des mers, recouvert
d'une seule plaque d'or et les mains jointes vers la
terre, se tient debout. Là, Ta-Nam-Tao et Hiu-Bac-
Dao, dieux témoins de la naissance et de la mort des

hommes, assis en leurs vêtements rouges brodés d'or,
la chevelure et la barbe blanches, hiératiquement
coiffés, tiennent entre leurs mains les livres célestes,
où l'humanité tout entière passe en laissant une trace
individuelle. Là, les quatre Co-Thien, à genoux dans
leurs robes quadricolores, personnifient les quatre
mondes adorateurs de l'Etre universel.

Là, Ngoc-Quang, empereur céleste, dresse sa taille
triple de la taille humaine au-dessus de tous les autres
dieux, et de ses mains, blanchies par l'éternité,
compte, par autant de plaques noires, à son cou sus-
pendues, les humanités qu'il fait vivre et les existences qu'il distribue ; là dix-huit Khiu-Lang, symbole
des offrandes des Bo-That qui se sont succédé dans
la vie, noircis par les âges et les voyages, sont empi-
lés sur des tables de marbre ; là, Tho-Dia et Thanh-
Tong assis, la figure noire, esprits de la terre et des
forces matérielles, le livre de l'étudiant et le bâton
du voyageur à la main, représentent la matière ado-
rant l'action créatrice.

Et le degré s'élève encore : voici le Daï-Rida,
colossal, enfermé dans une plaque dorée de quatre
mètres de haut, chevelu, crêpu, dieu de la justice
immanente et finalement victorieuse, assis, les mains
jointes, dans l'attitude suprême de celui qui a le
temps, entouré de deux Thê-Tu qui, debout, lui présentent les livres où sont inscrits les actes des hommes.

Voici la déesse aux douze bras, la déesse du fond
des mers, qui de ses membres multiples, symbolisant

les signes archétypes, apporte l'hommage des actions
et des pensées. Voici Ba-Thi-Kinh, la déesse de la
pureté, assise sous une gloire blanche, un fruit d'argent à la main. Voici le dieu-déesse qu'on ne nomme
point et qui préside, une fois sous la terre, aux magies
et aux divinations.

Enfin un socle de deux mètres de haut arrête le
regard, et, les pieds à la hauteur des icones précédentes, voici Tam-Thé et la Trinité Céleste, la tripli-
cité se confondant en l'unité représentative de la
vision directe ; tous quatre si élevés, que le peuple
qui est en bas ne les voit point et que, au-dessus des
fleurs épanouies dont ils sortent, ils sont cachés par
les frises multicolores de l'édifice ; ainsi ils personnifient les mystères de l'invisible, et la foule, les
croyant la plus haute manifestation du grand inconnu,
cherche à percer l'ombre des voûtes et l'opacité du
métal, tandis que, caché mieux qu'ailleurs, au beau
milieu de la lumière, l'Impénétrable s'étale au jour
sous leurs yeux inconscients.

Contre le mur terminal de la pagode, Thanh-Da,
dieu des combats, dressait son masque rouge entre ses
deux acolytes, les Tho-Song noirs. Là Thanh-Trang,
habillé d'or, tendait les bras aux saints de l'avenir et,
à côté de lui, le dieu des harmonies, au corps bleu,
réjouissait son esprit des accords divins ; tout autour
les Thap-Ba-La-Han, deuxième chœur céleste, âmes
protectrices des savants et des sages, formaient un
cercle respectueux.

Là enfin, Thap-Bat-Lang, dieu de la vitesse, maître

des inférieurs et de la mort, habillé de rouge et d'or
sombre, était assis dans une ngaï-diuh de métal,
voyant avec un rictus complaisant l'humanité dresser
des autels à la négation omnipotente, au grand obstacle qui fait choir sur le chemin du Vrai ; et au pied
de la monstrueuse idole, le Phap habillé, ceinturé et
coiffé de blanc, le visage perdu dans une barbe immense, était accroupi.

Derrière lui, masquant une porte secrète donnant
accès sur l'enclos extérieur où poussaient tous les
toxiques et toutes les médicinales de l'Annam, était
dressée la grande pyramide symbolique, l'une des
merveilles de l'empire, l'iconique amoncellement qui
faisait de la pagode de Phu-Nhi la reine des pagodes
du Nord.

C'était une pyramide quadrangulaire, dont la base
occupait la moitié des parois, et dont le sommet se
perdait dans les solives ouvragées du toit supérieur.
Sur chacune des faces était personnifié, par ses attributs et par la symbolisation de ses qualités essen-
tielles, l'un des quatre mondes sensibles de l'univers
extérieur. Sur cet amoncellement, trois cent soixante
statues étaient à même sculptées dans la pierre
énorme, éclatant témoignage de l'ardeur de la foi,
du génie de l'art, et de la puissance du concept.

Sur la face nord, un enchevêtrement de blocs figuraient les montagnes et les pics ardus ; là les quatre-
vingt-dix statues cyclopéennes des esprits de la nature
abrupte gardaient les grottes, traversaient les fleuves,
paissaient les troupes des éléphants et des tigres, for-

geaient le fer et découvraient l'or ; et dans une caverne profonde, Nhac-Phu, le dieu des montagnes, était accroupi, les genoux aux dents, gardant le feu central, et sur son épaule, équilibrant l'univers.

Sur la face ouest, les flots pressés couraient les uns sur les autres en volutes bleues, et figuraient l'empire changeant des mers ; là, les quatre-vingt-dix statues marines des Esprits des eaux guidaient les navires, peuplaient les abîmes, se jouaient sur les eaux courroucées, et retenaient, au fond des mers, les épaves enlacées dans leurs bras multiples ; et dans une grotte toute pavée de nacre, Thuy-Phu, le dieu des eaux, soulevait d'un geste les tempêtes furibondes et les débordements féconds.

Sur la face sud, s'étendait en couleurs vertes l'empire des bois et de la terre ; là, les quatre-vingt-dix statues androgynes des Esprits du sol construisaient les villes, semaient le riz, et amenaient partout le bonheur de la paix et de l'abondance. Et Gi-Lac, dieu de la richesse, étendu, gras et joyeux, dans la rizière féconde, souriait aux efforts des humbles et des croyants.

Sur la face est enfin, des nuages blancs et dorés représentaient l'empire des airs ; là, les quatre-vingt-dix statues ailées des esprits de l'espace faisaient étinceler le soleil, rayonner les étoiles amies, et orbitaient les mondes infatigables dans leurs courses sans fin ; et sur un nuage figurant la profondeur de l'immensité, Te-Tien-Daï-Thanh, dieu de l'Ether, entouré de l'immaculée blancheur du vide, dressait son front superbe, nimbé d'un rayon de la céleste lumière.

Cet échafaudage incroyable cette pyramide qui résumait la matérialité des choses et l'immatérialité des idées, dressait dans une stèle splendide, jusqu'aux pieds de l'Eternel, l'envolée adoratrice de l'universalité des êtres créés.

Ong-Luu passa, familier devant toutes ces choses, et parla bas à l'oreille du Phap immobile ; après avoir écouté et un moment réfléchi, celui-ci leva la tête et montra des yeux vides de regard absorbés dans la contemplation des pensées intérieures.

— Va donc, dit-il, de la même voix surprenante qui tout à l'heure avait accueilli et fait tressaillir Ong-Luu ; vas, prie suivant les rites ; appelle souvent les formules. Je te secourerai de mon ministère : à ta science et à ta puissance j'ajouterai ma science et ma vertu. J'invoque *Dieu* pour que les *dieux* t'exaucent.

Et il retomba dans son mutisme, ayant posé son flambeau. Ong-Luu, des bâtons parfumés à la main, et ayant écrit des caractères sur un papier de soie ambrée qu'il mit à sa gorge, ota ses sandales, revint sous le péristyle et, les bras vers l'Orient et l'Occident, s'agenouilla sur les talons, se tournant à mesure de ses paroles vers l'image immobile des dieux qu'il priait.

« — Etre infini dont nul n'a jamais osé prononcer le nom, par tes dix mille attributs je t'appelle ; par tes dix mille manifestations je t'invoque ; fidèle aux préceptes, aux enseignements traditionnels, à la succession des rites, je conjure la lumière des quatre mondes de venir à ma voix, revêtir une apparence rayonnante.

» Dieu distributeur de l'existence, devant toi je suis semblable à l'animal qui ne pense pas, et dont la sensibilité seule dirige les actes ; cependant dans le temple qui est consacré spécialement à ta puissance mystérieuse, je t'implore par les sept sagesses correspondantes des sept éléments pour que tu donnes un peu de lumière, éparse par les mondes, aux choses encore sans vie afin que durant un instant je conçoive ce qui a été, est et sera. Dieux bien aimés, témoins de la vie et de la mort, je vous appelle, vous qui portez en vos esprits nos existences passagères et qui rappellerez un jour au centre universel la parcelle éternelle qui fait le maître Luu.

» Père des sages, O Dieu de Luu, depuis le jour sacré ou j'ai connu la Loi, pour la première fois la faute de mon cœur obscurcit la lumière de mon âme, O Than-Trang, je ne vois plus, donne moi tes yeux. »

« Et toi, Thap-Kiep, Dieu solitaire et ignoré, que le peuple prend pour une incarnation ridicule, toi dont une lèvre profane n'a jamais prononcé le nom, ô Khien, toi que nul n'a vu ni compris, et qui du geste de tes deux mains montre l'actif d'en haut et le passif d'en bas, Force et Vertu, et qui demeures au milieu Tao, synthèse universelle et inintelligible, toi-même, adorable et redoutable inconnu, je t'appelle, centre intangible où convergent toutes les perfections dans l'unité, qui est la perfection des perfections ;

vois ma parole, mon offrande, ma prière. Juge, exauce, promets. »

Il s'arrêta, baissant la tête, le regard perdu. Soudain, parut devant lui le Phap, enveloppé de sa grande robe blanche et sa barbe d'argent

D'un doig long et froid, il lui toucha l'épaule :

« — Viens, fit-il. »

Ayant marché jusqu'à la place sacrée et s'y étant p'osterné, ils se turent, regardant en dedans d'eux.

Puis Ong-Luu appuya son front a celui du Phap immobile.

Au bout de quelques instants, le Phap se leva et sortit silencieusement. .   .   .   .

.   .   .   .

.   .   .   .

Les quelques lignes qui précèdent nous ont paru nécessaires afin que le lecteur puisse immédiatement dégager dans les pages qui vont suivre la personnalité ésotérique de Matgioi familière en Extrême-Orient, à laquelle ce travail est particulièrement consacré, de celle du colonial et du soldat dont nous dirons quelques mots, connu dans les milieux adéquats de la métropole sous le nom de Albert de Pouvourville

I

L'HOMME

Albert Puyou, comte de Pouvourville (Matgioi), est né à Nancy, en 1862, le 7 août Son père étant colonel de l'ancien corps d'état-major. La famille de Pouvourville, d'origine toulousaine, remonte dans les annales de cette ville à l'année 1150 environ. C'est en effet en 1175 que l'ancêtre Puyou fut ennobli par Raymond V, comte de Toulouse, pour les faits suivants :

Le sieur Puyou, meunier et possesseur de greniers abondamment pourvus, touché de la détresse de ses compatriotes affamés par suite du siège que Simon de Montfort faisait subir à la bonne ville pendant la croisade contre les Albigeois, vint spontanément mettre à la disposition du comte Raymond les provisions de blé qu'il gardait en réserve et qui constituaient toute sa fortune. Le comte de Toulouse accepta cette offre généreuse qui permit aux assiégés de tenir assez longtemps en repoussant les attaques

de Simon de Montfort, si bien que celui-ci, lassé par
la vaillance des Toulousains, se décida à lever le
siège.

Le comte Raymond, en reconnaissance du patrio-
tisme et de la générosité du meunier Puyou, attacha
le titre de comte à la seigneurie de Pouvourville,
qu'il lui remit en appanage, et lui donna en souvenir
de ces circonstances guerrières des armes parlantes
qui sont décrites ainsi qu'il suit au d'Hozier français
de 1675 : D'azur au deux gerbes de blé croisées et
nouées d'or, couronne de marquis. Devise : *Per
aspera spera.*

Albert de Pouvourville fit ses premières études au
collège de la Malgrange de Nancy, ville dans laquelle
habitait sa famille à cette époque ; c'est dans cette
institution qu'il connut et se lia d'étroite amité avec
Stanislas de Guaita et Maurice Barrès. Les trois
condisciples formèrent bientôt une sorte de petit
cénacle dans lequel vinrent un peu plus tard les join-
dre Paul Adam, le comte Beaupré et Henri Sestier.
Il est incontestable que cette association d'intellec-
tualités, toutes éprises d'idéal, eut la meilleure influence sur chacune des individualités qui la composè-
rent et facilita leur acheminement vers la maîtrise à
la réalisation de laquelle chacune, par des voies diffé·
rentes, devait arriver par la suite.

A. de Pouvourville vint terminer ses études au
lycée Saint-Louis, à Paris, où il se vit décerner successivement le baccalauréat ès lettres, le baccalauréat
ès sciences et le grand prix du concours général des

lycées de France à la Sorbonne en 1880 ; à cette occasion, il eut l'insigne honneur d'être couronné par Jules Ferry, haute personnalité qui devait plus tard le pousser dans la carrière coloniale.

Au sortir de Saint-Louis, il entra à l'école militaire spéciale de Saint-Cyr et fut nommé sous-lieutenant au 69ᵉ régiment d'infanterie. La carrière d'officier sédentaire qui s'offrait dès lors à lui se démontra bientôt incompatible à son besoin d'activité ; il démissionna à la fin de l'année 1885 et rentra dans sa ville natale. Après deux ans de recueillement, il prit l'audacieuse résolution de reprendre du service en qualité de simple soldat au 2ᵉ régiment étranger, où il s'engagea le 5 novembre 1887, trouvant ainsi le moyen de satisfaire le besoin impérieux qui l'incitait à d'aventureuses entreprises.

Il s'embarqua pour le Tonkin, où il arriva en pleine période de troubles. Après avoir conquis les galons de sergent, il est nommé sous-lieutenant sur le champ de bataille à Thuong-Lam, le 22 septembre 1889, pour avoir, sous le feu de l'ennemi, arraché à une mutilation certaine son capitaine tombé blessé mortellement dans une embuscade organisée par les pirates.

Presque aussitôt après ce brillant fait d'armes, il se fait mettre hors cadres pour prendre les fonctions d'inspecteur dans la garde civile indigène, au commencement de l'année 1890, fonctions qu'il garda jusqu'à la fin de 1893, bien qu'il fut affecté en qualité de lieutenant au 1ᵉʳ régiment étranger à partir du 1ᵉʳ décembre 1891. C'est pendant cette période, où il put à loisir étudier l'esprit des Jaunes, vivant presque exclusivement au milieu des indigènes et apprenant à les connaître et à les estimer chaque jour davantage, qu'il eut la bonne fortune de rencontrer les individualités remarquables qui devaient faire jaillir devant son entendement ébloui les premières étincelles des vérités qui conduisirent ses premiers pas dans la sublimité de la *Voie*. C'est, autrement dit, pendant cette période que se révéla la personnalité de Matgioi.

Ces influences, bien qu'agissant avec assez de force pour en faire en quelque sorte un nouvel homme, ne lui firent pas oublier les devoirs afférents à sa charge. C'est ainsi que pendant ce temps il contribua fortement à la pacification du haut Delta et, à la suite de dissentiments éclatants qu'il eut avec l'autorité militaire, dissentiments qui se terminèrent par la disgrâce du général Reste, il fut la cause déterminante de la séparation des pouvoirs civils et militaires du Tonkin, et par ce dernier fait remplissait aussi les obligations de sa nouvelle personnalité.

D'autre part, à la fin de l'année 1888, alors qu'il appartenait au 2ᵉ étranger, de Pouvourville fut attaché, eu égard à ses qualités de topographe, à la mission Pavie, pendant sa première expédition au Laos, par la rivière noire. On doit à cette mission le retrait des Siamois sur la rive droite du Mékong qui, de ce fait, ouvrait le royaume de Luang-Prabang à notre influence. Pendant cette campagne, Matgioi observa et consigna dans des notes qu'il donna plus tard à son ami S. de Guaita, quelques curieux phénomènes qui furent relatés dans l'ouvrage du célèbre occultiste ayant pour titre *La Clef de la Magie noire*. Nous espérons que le lecteur nous saura gré de relater à nouveau ces faits curieux.

Au mois de janvier 1889, Matgioi se trouvait à Ma-ho, aux environs des montagnes de Loïsot, sur la route de la rivière Noire au Mékong. Le chef du district, nommé par le Quan-Phong, avait un condamné à mort qui devait « *souffrir la mort sans l'approche du fer* » (1).

Le condamné fut ligotté étroitement, on ne lui laissa qu'une ceinture autour des reins. On le transporta dans une cabane en torchis couverte de feuilles de lataniers, à une extrémité de Ma-Ho, et parfaitement séparée des autres maisons du village.

Le chef du district et le sorcier (2) restèrent seuls avec lui quelques instants et sortirent les derniers. Puis la cabane fut gardée toute la nuit, aux quatre angles, par quatre soldats des milices indigènes du Quan-Phong.

Le *sorcier* se retira, après avoir fait quelques tours, quelques signes et prononcé quelques paroles, autour et en dehors de la maison. Ce sorcier est précisément

____

(1) Cette formule s'emploie couramment en Indo-Chine pour tous les cas où le supplice ne comporte pas d'effusion de sang.

(2) Ainsi nomme-t-on les prêtres des *Pi*, culte grossier, au Laos, des objets remarquables de la Nature.

de la classe et de l'expérience de ceux auxquels il
est fait allusion dans les rapports officiels des com-
missaires français au Laos, que nous citons ci-dessous.

Le lendemain matin, quand les factionnaires
furent relevés et qu'on pénétra dans la cabane, on
vit le prisonnier mort, déjà froid, complètement exan-
gue, et bien que les chairs fussent molles encore au
toucher, ayant l'air parfaitement desséché d'un corps
embaumé d'après les procédés antiques égyptiens.

Parmi les autres phénomènes dont Matgioi fut également témoin, nous citerons les envoûtements fort
étranges qui firent nombre de victimes dans la pro-
vince de Quang-Binh. Ces faits surprenants furent
consignés dans un rapport officiel rédigé par ordre
des autorités française. Le sorcier qui en était l'auteur coutumier annonçait à jour fixe, plusieurs mois
d'avance, la mort de ceux qu'il voulait frapper. Il se
promenait toujours armé d'un sabre ou d'une lance
indigène. Sous un prétexte quelconque, il engageait
la conversation, en plein soleil, avec sa future victime, que durant l'entretien il dévisageait avec per-
sistance, puis dès qu'elle tournait le dos pour s'éloigner, il fichait vivement son arme en terre, sur l'em-
placement où se découpait encore l'ombre de son
interlocuteur. Quelques paroles marmottées à voix
basse accompagnaient ce geste en soulignant l'inten-
tion. Il est remarquable que ce n'est point alors que
la victime se sentait frappée, mais à l'heure précise
où le magicien arrachait du sol le fer qui avait *encloué*

l'ombre ; un jour, un mois, un an s'écoulait, puis la mort subite du malheureux marquait l'instant où l'enchanteur était venu reprendre son sabre ou sa lance.

C'est pendant la période de sa carrière qu'il consacra à l'inspection, que Matgioi dut partager son existence en deux modes bien distincts. Séduit, d'une part, par la beauté de l'idéal métaphysique de l'Esprit taoiste qu'il entrevoyait, guidé par des conversations édifiantes ou par la lecture de rares manuscrits, il employa tous les loisirs, hélas trop peu nombreux, que lui laissaient, surtout à son début, les exigences de sa profession, à rechercher chez les lettrés avec lesquels il se trouvait en relations journalières ceux dont la bonne volonté et le savoir pouvaient l'aider dans son ascèse. Il eut surtout la bonne fortune de rencontrer un maître que sa science et sa sagesse quasi divine avaient tenu à l'écart des troubles politiques qui désolaient sa patrie. Cette personnalité remarquable, pour des raisons qu'il ne convient pas de donner ici, continuait à vivre dans le recueillement, feignant d'ignorer les conflits qui mettaient aux prises les pirates et nos troupes ; il devait d'ailleurs payer de sa vie son abstention, que de fanatiques compatriotes voulurent traduire par trahison. Il mourut en effet lâchement empoisonné à la suite d'un repas où il fut convié en 1895.

Pendant tout son séjour à l'inspection des trois provinces dont Son-Tay était alors la capitale, le gouverneur de cette ville étant le deuxième vice-roi du

Tonkin, Matgioi vit presque régulièrement tous les soirs son maître. Celui-ci ayant reconnu en son élève une mentalité particulièrement disposée à recevoir avec fruit ses enseignements, s'appliqua à développer inconsciemment en lui, selon la méthode chinoise, les facultés spirituelles latentes qui le conduisirent à la compréhension exacte de la sublimité des textes dans lesquels sont consignés depuis des siècles les éléments de la sagesse jaune, expression de la totale Vérité. Ces instructions théoriques permirent au néophyte de recevoir plus tard l'Initiation illuminative lors de son affiliation aux sociétés secretes. Nous ne nous étendrons pas présentement plus longuement sur les procédés, ou les modes d'instruction grâce aux-quels Matgioï parvint à parachever son ascèse spiri-tuelle, laissant au lecteur le soin de juger dans les développements que nous donnerons dans la partie de ce travail consacrée à la Métaphysique Chinoise, de la qualité des enseignements reçus.

L'autre partie de l'existence de Matgioi fut pendant ce temps consacrée aux devoirs de ses fonctions ; disons toutefois qu'il s'efforça toujours de faire con-corder ceux-ci, par la douceur qu'il apporta dans leur application, avec l'idéal dont il avait voulu se faire le serviteur.

Sa mission politique et militaire en Indo-Chine fut surtout pacificatrice et eut pour but principal de don-ner aux calmes populations du Tonkin la sécurité qui leur manquait depuis que les pirates, sous la conduite d'intelligents et audacieux chefs, ravageaient cette paisible contrée, à la faveur du désarroi qu'avait déterminé la conquête.

La lutte la plus âpre qu'il eut à soutenir à cette occasion fut celle qu'il engagea avec le célèbre Doc-Ngu. Sous ce nom se cachent trois personnalités, trois frères qui avaient hérité des sceaux du commandement et de la délégation royale du souverain déchu, et qui, à la faveur de cette autorité, par des guérillas incessantes, harcelèrent sans cesse nos postes et, s'en prenant quelquefois à des villes importantes, comme celle de Son-Tay dont ils incendièrent un faubourg, soutinrent pendant deux ans et demi l'assaut de nos troupes. Ce duel se termina par la mort du premier Ngu, qui succomba à Lagian en 1891, dans un corps à corps commandé par Matgioi; puis par la mort du second frère Ngu, le plus valeureux des trois, assassiné par ses partisans à Khacuu, en août 1892. Ce dernier événement détermina la soumission du troisième frère qui se rendit en 1893.

Ces chefs pirates avaient attaché une grande importance à la disparition de leur ennemi, l'inspecteur de Pouvourville, et à cet effet avaient, à maintes reprises, mis sa tête à prix.

L'année suivante, c'est-à-dire au commencement de l'année 1894, Matgioi rentrait en France, ayant donné sa démission pour raison de santé, à la suite de deux accès de fièvre pernicieuse qui l'obligèrent de se présenter devant un conseil médical, lequel ordonna sa mise en congé immédiate.

Rentré dans la métropole, après quelques mois de repos bien mérité, de Pouvourville reprit rapidement son activité coutumière. Il mit d'abord au point les connaissances spirituelles acquises en Extrême-Orient de façon à lui permettre d'en présenter et d'en faire assimiler, autant que possible, le principe par l'esprit occidental, et d'autre part il s'employa à développer dans le monde colonial, par sa collaboration aux journaux et revues qui l'accueillirent, ses idées personnelles sur l'avenir politique et économique de l'Extrême-Orient français.

Nous allons rapidement examiner cette seconde partie de son action en France, nous réservant d'étudier la première, lorsque nous parlerons de son œuvre scientifique et littéraire dans l'énoncé bibliographique.

Vers la fin de l'année 1894, il fut attaché en qualité de rédacteur colonial à la collaboration de l'*Estafette,* journal politique quotidien qui avait pour rédacteur en chef M. Jules Ferry. Il conserva cet emploi jusqu'à la disparition du journal, et durant ce temps entreprit plusieurs campagnes intéressantes parmi lesquelles nous citerons celle qui aboutit à la neutralisation de la contrée située au Laos, sur la rive droite du Mékong. Ce fut une belle victoire remportée sur l'influence diplomatique anglaise, qui intriguait alors auprès de notre ministre des affaires étrangères pour que ces pays fussent soumis à la domination britannique, alors que le pays de Luang-Prabang, qui occupe la rive gauche du même fleuve et qui, à la suite de

la mission Pavie, avait été déjà annexé à la France,
était considéré comme zone neutre. Il ne fallut rien
moins que l'influence de M. Casimir-Périer, président,
à cette époque, du conseil des ministres, pour faire
annuler le projet de traité déjà rédigé à cet effet par
lord Dufferin.

Citons également la campagne entreprise pour établir la vérité sur l'affaire Voulet-Chanoine, qui termina la carrière de Matgioi à l'*Estafette*. La conclusion de cette campagne démontrait l'innocence complète du capitaine Chanoine dans cette malheureuse
affaire, opinion qui fut partagée par le ministre de
la guerre, le général de Galliffet.

De la collaboration de Matgioi à la *Nouvelle Revue*,
dirigée par M⁰ Adam, nous retiendrons la version chinoise de la mort du commandant Rivière, qu'il y pu-
blia, version qui met en lumière d'une façon saisis-
sante et toute nouvelle le caractère du fameux chef
des Coden, Luu-Vinh-Phuoc. C'est également dans les
colonnes de cet organe que parurent pour la première
fois en France deux très importantes études, *L'Annam Sanglant* et le *Maître des Sentences*, qui furent
plus tard publiées en librairie et dont nous reparlerons
plus loin.

Dans le courant de l'année 1894, Matgioi reçut
mission du ministère de l'Instruction publique, par le
directeur des beaux-arts, de publier un volume sur
l'Art Indo-Chinois. Cet ouvrage, qui fait encore partie
de la bibliothèque officielle des beaux-arts, fut édité
par la maison Quantin.

Pour l'ensemble de ses publications coloniales, il fut proclamé lauréat de la Société de Géographie Commerciale et reçut la grande médaille d'or en 1896. Deux ans plus tard il fut nommé membre de l'Institut Colonial International, association très importante composée de savants spécialistes, se recrutant eux-même à la façon académique, qui tient ses assises annuellement dans une des capitales de l'Europe.

Epris d'une grande sympathie pour ses anciens compagnons d'armes dont il avait partagé fraternellement les bonnes et les mauvaises fortunes en Extrême-Orient, Matgioi se dévoua tout entier aux œuvres philantropiques déjà existantes, et fut le créateur d'une nouvelle association de ce genre. C'est ainsi qu'il fut vice-président de la Croix-Verte, société d'assistance aux anciens militaires coloniaux, et pré-sident-fondateur de la Société de Secours mutuels des Anciens Légionnaires. Ces groupements humanitaires sont suffisamment connus pour que nous nous dispen-sions de les décrire plus amplement.

De concert avec MM. Marchal, ancien député d'Alger ; Deloncle, député de la Cochinchine, et Clémen-tel, ministre des Colonies (ce dernier fut un ami de Matgioi, non seulement comme colonial, mais aussi en sa qualité d'adepte de l'Esotérisme, profond admi-rateur de l'intellectualité jaune), il fonda l'œuvre des Congrès Coloniaux Français qui se réunissent annuel-lement sans interruption depuis l'année 1903, avec le concours des premiers personnages de la République française. Depuis cette date, Matgioi fait partie du

Conseil supérieur des colonies, section asiatique,
assemblée consultative qui se réunit toutes les fois
que le Ministre des Colonies le juge nécessaire pour
délibérer sur les questions politiques et administra-
tives, pour lesquelles le gouvernement a besoin du
concours et des compétences des spécialistes.

La Ligue des Colons du Tonkin, qui a son siège
social à Hanoï, a choisi, depuis 1907, Matgioi pour
la représenter auprès du Ministre des Colonies ; cette
Ligue a pour but de défendre les intérêts agraires
des colons français établis au Tonkin, dont les possessions territoriales sont menacées malgré les lois
nationales annamites de Gia-Long.

L'année 1908 a vu l'éclosion de groupements
importants due à l'initiative de Matgioi. Parmi
ceux-ci, citons le groupe politique Franco-Chinois,
qui a pour but de servir d'intermédiaire entre les hommes d'Etats Français qui désirent une entente politique avec la Chine, et les hauts fonctionnaires Chinois, vice-rois, grands juges, ministres et même prin-
ces de la famille impériale, ennemis du courant xeno-
phobe. On peut espérer que de cet effort sortira
un *modus vivendi* amical qui conduira par l'estime
réciproque à une communion intellectuelle, de laquelle
les deux races pourront retirer des avantages inap-
préciables. Ce premier groupement est complété par
le Syndicat des Etudes coloniales qui poursuit un but
analogue sur le plan économique.

Un troisième groupe, qui a pour titre *les Français
d'Asie*, en faisant connaître l'intellectualité jaune en

France et l'intellectualité française en Asie, poursuit
le même but sur le plan littéraire et artistique. Les
meilleurs écrivains et artistes français qui ont connu
l'Extrême-Orient, prêtent ici leur concours à Matgioi.
Citons : Claude Farrère, Pierre Mille, Berthelot, Paul
Bourde, Pierre Loti, E. Brieux, Ajalbert, Albert Cézard et Saint-Saëns.

La carrière journalistique de Matgioi est également
très active.

Depuis sa rentrée en France, il n'a pas cessé de
collaborer régulièrement, sous différentes rubriques
coloniales, à Paris, au *Figaro* et à la *Dépêche Coloniale*, et en Indo-Chine, au *Courrier d'Haïphong*, à
l'*Indépendance Tonkinoise*, à l'*Avenir du Tonkin*.

Dans le courant de l'année 1904 il créa la *Revue
Générale des Colonies* et prit la rédaction en chef de
cet organe.

Il fonda ensuite le *Continent,* revue coloniale inter-
nationale bilingue (français et allemand). Cette publication avait pour but de faciliter l'entente franco-
allemande au point de vue des communs intérêts
coloniaux des deux nations Il fut aidé dans cette tâche
par le précieux concours que lui apporta, de l'autre
côté du Rhin, le prince Franz d'Arenberg, ami de
l'empereur Guillaume II et chef du centre du Reichs-
tag.

Avec l'appui financier d'importants industriels
indo-chinois et la collaboration de coloniaux distin-
gués, il créa, vers la fin de 1907 un grand organe
hebdomadaire, la *Politique Indo-Chinoise*. Ce journal

prit rapidement une importance capitale dans la métropole et en Extrême-Orient, car en dehors des questions économiques qui y sont présentées avec une compétence indiscutable, il se consacre particulièrement aux études politiques, sociales et philosophiques qui ont pour but de rapprocher et de faire sympathiser les mentalités françaises et indo-chinoises.

Vers le milieu de l'année 1902, au cours d'une période de villégiature que l'auteur de cette biographie eut le plaisir de partager avec Matgioi, la création d'une revue philosophique spécialement consacrée à la métaphysique chinoise fut décidée d'un commun accord. Cette publication permettait à Matgioi de présenter pour la première fois au chercheur occidental une partie des trésors spirituels qu'il lui avait été possible de recueillir en Extrême-Orient. On fit appel aux maîtres de l'Esotérisme occidental contemporain qui adhérèrent avec enthousiasme au programme élaboré et qui pendant trois années y concoururent assidûment. Nous pouvons déclarer sans fausse modestie que la collection de cette revue constitue un monument d'une valeur inappréciable dans lequel les étudiants présents et à venir trouveront des documents qui leur ouvriront des horizons nouveaux dans l'ascèse de la science secrète. Matgioi choisit pour le nouveau-né le titre de la *Voie*, en concordance avec le Tao de Laa-Tseu, ce livre qui est considéré en Extrême-Orient comme recélant la clef qui ouvre la porte du sanctuaire sublime de la Vérité ineffable.

Nous donnons ci-dessous quelques lignes résumant

le programme qu'on s'y efforça toujours de suivre et
de réaliser :

« Nous croyons fermement que la Science est
» Une.

» Nous croyons fermement que la Vérité est Une.

» Pour expliquer la Science, les termes diffèrent ;
» pour atteindre la Vérité, les chemins sont divers.
» Mais les termes sont synonymes, et les chemins
» sont parallèles et apparemment contraires.

» Tous les systèmes, toutes les doctrines sont donc
» forcément résumables en un seul système, une
» seule doctrine.

» La voie véritable est la synthèse des différentes
» voies jusqu'ici proposées pour parvenir au but.
» Nous tenterons donc d'établir cette synthèse.

» A l'inverse des publications et des maîtres qui
» nous précédèrent en France, nous ne désirons point
» faire de propgagande ; nous estimons que le bénéfice
» de notre travail n'est applicable qu'à des esprits
» préparés depuis longtemps à la fois par la nature
» et surtout par eux-mêmes. Nous ne pouvons donc
» solliciter aucune adhésion par camaraderie, par
» snobisme ou par curiosité. La Science ne nous per-
» met, la Tradition ne nous conseille de nous adres-
» ser qu'à une élite, et nous devons nous glorifier que
» parmi nous la qualité (à quoi seulement nous nous
» attachons) remplace la quantité qui nous indiffère
» et nous gênerait.

» Cette déclaration n'est pas un aveu d'orgueil.
» Nous sommes de très simples serviteurs de la

» Vérité hautaine. Les gardiens d'un trésor peuvent
» être à la fois très pauvres et incorruptibles. Nous
» avouons humblement notre pauvreté ; c'est le tré-
» sor lui-même qui fait la difficulté de notre accès. »

Voilà résumé en quelques mots les grandes lignes
du programme de la *Voie*, œuvre à laquelle Matgioi
consacre les meilleurs moments de ses trop courts loisirs, et qu'il se plaît encore à considérer comme l'effort
le plus agréablement idéaliste qu'il lui fut donné de
réaliser dans ces dernières années.

II

L'ŒUVRE

Avant de passer à l'étude des doctrines métaphysiques et philosophiques dont Matgioi fut le premier adaptateur en Occident, nous allons rapidement examiner son œuvre bibliographique, historique, coloniale et littéraire.

Les vingt-quatre volumes, publiés chez différents éditeurs de France et d'Extrême-Orient, peuvent se partager en quatre classes :

1º Les études coloniales comprennent six volumes ;

2º Les études historiques et géographiques, cinq volumes ;

3º Les études littéraires, trois volumes ;

4º Les études métaphysiques, philosophiques et sociales, dix volumes.

Nous examinerons et analyserons l'œuvre dans cet ordre.

Le Tonkin Actuel (1887-1890), avec trois cartes, chez Savine, 1890, volume de 318 pages, est spécialement l'étude du Tonkin occidental, de la haute rivière Noire et des Seize Chaûs récemment conquis sur le Siam. Seul le chapitre premier raconte la vie militaire dans les postes du Delta. Le chapitre II décrit les régions montagneuses et boisées de Son-La, et les mœurs et coutumes des peuples montagnards, spécialement des Meos ; il mentionne l'odyssée de Marie de Mayrena, roi des Sedangs. Le chapitre III est une monographie de la vie européenne au Tonkin occidental (la vie militaire, les reconnaissances de guerre et de topographie, les difficultés du ravitaillement, le service sanitaire et la mortalité). Le chapitre IV, qui est un épisode de la mission Pavie, détermine notre politique d'intervention au Laos et sur le Mékong, et fait l'historique d'un poste type dans ces régions. Le chapitre V est consacré à l'étude des finances tonkinoises, et le chapitre VI, aux difficultés que rencontra le gouvernement colonial à la fin de la conquête.

Deux Années de Lutte, 1890-1891, chez Savine, 1892, un volume de 240 pages, constitue l'historique le plus complet qui ait été fait de cette piraterie tonkinoise, laquelle a défrayé et défraye encore les colonnes de nos journaux. Le chapitre premier comporte l'organisation des rebelles au Tonkin. Le chapitre II indique l'action intérieure du Protectorat, la formation des provinces indigènes, le rôle des vicerois annamites au Tonkin. Le chapitre III est l'historique de la création de la garde civile indigène avec la description de son rôle militaire et policier. Le chapitre IV résume la lutte que nous avons soutenue pendant deux ans contre les rebelles; on y voit, sur la masse confuse et obscure des pirates, se détacher la figure tragique des trois Doc-Ngu, dont nous avons parlé précédemment. Il convient de citer les massacres de Bangnhi et de Chobo. Le chapitre V indique les trois modes de répression employés contre les pillards, contre les pirates et contre les rebelles ; c'est ici le véritable manuel de la petite guerre jaune.

La Politique Indo-Chinoise, 1892-1893, chez Savine, 1894, volume de 320 pages, donne l'histoire de l'Indo-Chine sous le gouvernement de M. de Lanessan. Le chapitre premier détermine, sur le plan politique, militaire et financier, l'espèce d'autonomie dont jouira désormais l'union Indo-Chinoise. Il contient en outre une monographie des deux questions de frontières à leur origine, la Siamoise et la Chinoise, qui donneront tant de peine aux futurs généraux. Le chapitre II expose les principes de gouvernement, d'administration et d'autorité qui vivifieront désormais le pays. Le chapitre III donne les dernières opérations de guerre et la fin de la grande piraterie, par la mort de leurs deux chefs suprêmes, Doc-Ngu et Luu-Ky. Le chapitre IV, par une courte étude des voies de pénétration, de l'établissement des régies, des richesse agricoles et minières, et des premières créations industrielles, précise les méthodes et les espoirs de l'essor colonial.

L'AFFAIRE DE SIAM, 1886-1896, chez Chamuel, 1897, volume de 325 pages, avec une préface de Flourens, ancien ministre des Affaires étrangères, a été écrit sur les archives mêmes du gouvernement général et de la Cour royale de Hué. Le chapitre premier décrit la géopraphie et les populations de la vallée du Mékong. Le chapitre II décrit le rôle de nos consuls à Bangkok, l'intrusion des Siamois en Annam et étudie les arrangements diplomatiques de 1886. Le chapitre III étudie les droits de l'Annam sur les territoires en litige ; on ne peut trouver autre part qu'ici le résumé des annales impériales et l'historique des familles souveraines des Cam et de Luang-Prabang. Le chapitre IV étudie la convention de 1889 et suit les empiétements siamois jusqu'en 1898. Le chapitre V étudie la période de guerre contre le Siam et le traité du 3 octobre 1893 qui nous rend la frontière du Mékong. Le chapitre VI étudie la question des frontières du haut Mékong, le célèbre incident franco-anglais de Muong-Sing, l'organisation du Laos et l'accord du 16 janvier 1896. Il faut remarquer que dans ce chapitre se trouve indiqué, onze années à l'avance, la nécessité de la réunion à la France des provinces de Battambang. Il faut remarquer surtout qu'en 1896 l'auteur prédisait la guerre Russo-Japonaise, le parallélisme consécutif des intérêts de la Chine, de la France et de la Russie, et la nécessité d'une alliance Franco-Chinoise.

LA QUESTION D'EXTRÊME-ORIENT, chez Pedone, 1900, volume de 270 pages, avec une préface de

M. Gabriel Hanotaux, de l'Académie Française, est le seul monument historique et diplomatique que nous possédions encore pour déterminer les nouvelles méthodes de la diplomatie européenne en Extrême-Orient, et la valeur des fictions territoriales par lesquelles les Puissances de race blanche ont couvert leurs empiétements successifs. Le chapitre premier étudie les bases de la politique extérieure des possessions et protectorats, l'existence d'une politique spéciale nécessaire aux Etats mineurs, et les conditions des Etats mineurs aux regards des Etats de toutes sortes et de tous continents. Le chapitre II donne l'historique de la politique séculaire de l'Annam autonome vis-à-vis de la Chine, du Cambodge, du Laos, du Siam et de la France. Le chapitre III étudie les modes, directs, indirects ou diplomatiques, du protectorat français en Indo-Chine. Le chapitre IV étudie les politiques étrangères et la politique française en Asie, il définit les nouvelles fictions diplomatiques : cessions à bail, Etats tampons, zones neutralisées, condominium, sphères d'influence politique ou commerciale, régions d'exclusivité, zones de pénétration. Après avoir marqué les progrès des puissances en Asie, l'auteur donne les déterminantes de la politique nationale de l'Indo-Chine, telle qu'elle a été entrevue par M. Paul Doumer. Un chapitre documentaire donne, par ordre chronologique, les traités conclus entre la Chine et les pays d'Europe depuis 1787 jusqu'en 1899.

Les Défenses de l'Indo-Chine et la Politique

D'Association, Pedone, 1905, un volume de 247 pages, avec préfaces de MM. François Deloncle et Doumergue. Le chapitre premier de ce livre éclaire les causes de la situation trouble de l'Extrême-Orient en 1905, l'évolution japonaise et la désunion des puissances européennes. Le chapitre II énumère les dangers que peut courir l'Indo-Chine, les internationaux (Japon), les dangers frontières (les Réformistes Chinois), les dangers intérieurs (les sociétés secrètes, les anciens rebelles). Le chapitre III étudie les différents projets de défense de l'Indo-Chine et notamment le projet de 1899 (général Borgnis-Desbordes), et le projet de 1905 (amiral Fournier et François Deloncle). Le chapitre IV prouve la nécessité de la collaboration indigène, définit le rôle des anciennes politiques de domination, de protection et d'assimilation, et établit les bases de la politique d'association qui sont l'autorité et la tradition ; l'auteur en étudie les méthodes et les plans d'application (gouvernement, administration, justice, agriculture, finances, commerce). Le chapitre V établit les principes de l'association militaire indigène, la valeur des contingents actuels, la constitution d'une armée de réserve indigène, et les conditions de l'organisation de ces réserves. Les projets contenus dans ce chapitre ont servi de base aux études qui se poursuivent actuellement au ministère des Colonies.

Dans les Seize Chaus, 1888-1889, Chamuel éditeur, 1895, un volume de 200 pages. C'est, jour par jour, de septembre 1888 à mars 1889, la relation de la mission Pavie sur la haute Rivière Noire et à Dien-Bien. Cette exploration, qui valut à l'Indo-Chine le pays des Seize Chaûs, a fait connaître les dernières solitudes vierges de la péninsule. L'auteur, qui était attaché à la personne de M. Pavie, tient le dernier journal de route, où des incidents pleins de saveur viennent égayer la lutte continuelle contre les hommes et les éléments. On peut remarquer dans ce volume le rôle excellent qui a fait la réputation de M. le général Pennequin.

Dans les Gardes Indigènes et Chez les Pirates, Schneider éditeur, à Hanoï, volumes épuisés devenus introuvables, racontent la vie de l'officier et de l'inspecteur dans les luttes contre la piraterie. Là se dressent les figures désormais historiques des grands rebelles ; c'est la plus précieuse des contributions aux petits côtés de l'histoire tonkinoise.

L'Empire du Milieu, Schleicher frères éditeurs, un volume de 200 pages avec 42 figures et 2 cartes. Ce volume commence la série des œuvres de Matgioi qui étudient plus particulièrement la psychologie des Jaunes; c'est en quelque sorte le préambule des études métaphysiques et philosophiques qui seront analysées dans la dernière partie de cette biographie.

L'Empire du Milieu est le premier volume d'une série qui fut demandée à Matgioi par l'éditeur et qui comprend en outre la *Chine des Mandarins*, la *Chine des Lettrés* et la *Chine des Agriculteurs*. Nous nous faisons un plaisir d'annoncer au lecteur que cette publication, interrompue par suite de la transformation de la première maison d'édition, vient d'être reprise par L'EDITION, *4, rue de Furstenberg,* qui a publié le troisième volume de la série, la *Chine des Lettrés.*

Le chapitre premier de l'*Empire du Milieu* décrit l'aspect général de la Chine, les systèmes himalayens, les régions des montagnes, ses forêts et ses steppes. Le chapitre II étudie les climats, les courants maritimes, les saisons, le régime hydrologique, les digues et les drainages, les cultures générales, le riz, les textiles, la flore, la faune, les bêtes fauves. Le chapitre III étudie la race jaune, les populations agricoles, montagnards et nomades, leur genre de vie, l'habitation, le costume et l'alimentation. Le chapitre IV étudie l'organisation politique et sociale, le mécanisme général du gouvernement, les Etats feudataires, la famille et son rôle, la commune et les différents événements de la vie individuelle Le chapitre V résume très rapidement les religions, les traditions et les philosophies. Le chapitre VI étudie la justice et la judiciaire, et décrit la vie normale d'un citoyen Chinois, influencé à la fois par l'orgueil de son indépendance et par le goût de la solidarité. Le chapitre VII est une histoire sommaire du Céleste Empire. Le chapitre VIII est un résumé de l'histoire artistique de l'Extrême-Orient. Enfin le chapitre IX détermine l'action des Européens en Chine, depuis les Dominicains et les Jésuites au dix-septième siècle, jusqu'à l'évolution des ambitions blanches après la guerre Sino-Japonaise de 1894.

LA CHINE DES MANDARINS, Schleicher frères édi-

teurs, 1901, un volume de 200 pages, avec 54 figures
dans le texte. Le chapitre premier étudie les dynas-
ties de la race chinoise, l'unité de la race et la cause
philosophique de son extension, la conquête Mongole
du treizième siècle, la dynastie nationale des Ming, la
conquête Tartare, au dix-septième siècle, et l'antago-
nisme du Sud contre le Nord. Le chapitre II étudie
le principe autocratique et théocratique d'un impéria-
lisme qui est vieux de cinq mille années, la personne
impériale, le formalisme de l'étiquette, les costumes,
les chars, les palais impériaux, l'intangibilité et la
responsabilité finale du souverain. Le chapitre III
étudie les ministres et le gouvernement, les six grands
ministères et les vingt-deux vices royautés, les nations
vassales, et la théorie des alliances Le chapitre IV
étudie les Mandarins et l'administration, les examens,
les hiérarchies, l'administration et la police politique,
les voies de communication, les travaux publics et les
postes. Le chapitre V étudie les us de la justice, la
philosophie des récompenses et des compensations,
les principes des codes et de la législation, la responsabilité du juge, le rachat des peines et le sursis,
la justice familiale et les pénalités des codes. Le chapitre VI étudie les finances et leurs agents, les divers
impôts, le cadastre, les revenus de l'Empire et de
l'Empereur, les banques commerciales populaires et
agricoles, la monnaie et l'agio. Le chapitre VII étudie
l'armée et ses chefs, les milices, les volontaires, les
pirates, l'armement, l'art militaire, les défenses du
sol, la marine et les arsenaux.

L'Art Indo-Chinois, Quantin éditeur, 1894, un

volume de 290 pages, avec nombreuses figures dans le texte et hors texte. Ce volume, qui eut l'honneur d'être admis dans la collection publiée sous le haut patronage de l'administration des beaux-arts, donne les enseignements théoriques et traditionnels qui servent encore de base au peuple Indo-Chinois dans ses manifestations artistiques incomparables qui font l'admiration des esthètes de toutes races. Le volume comprend cinq parties qui traitent successivement de l'architecture, de la sculpture, de l'art des métaux, de la céramique et des arts du dessin.

Le chapitre premier étudie l'architecture religieuse et les dogmes qui l'ont inspirée, le culte des ancêtres. taoisme, confucianisme, bouddhisme ; nous y trouvons la description et le plan type d'un temple indochinois et d'une pagode confucéenne. L'auteur y passe en revue l'architecture religieuse des Kmers et les manifestations religieuses du Laos, du bas Mékong et du Siam.

Le chapitre II traite de l'architecture militaire, des anciennes forteresses tonkinoises et des forteresses de l'ancien Cambodge et du Siam.

Le chapitre III étudie l'architecture civile, les lois et les rites de la construction, les palais Kmers, Cambodgiens et Siamois, la construction des digues et des ponts.

Le chapitre IV étudie l'architecture funéraire, les règles funéraires de l'édification des pagodes, les monastères fermés, les sépultures royales, les tombeaux du Laos et du Siam.

Le chapitre V étudie la sculpture monumentale, l'ornementation et la décoration symbolique, les bas-reliefs et l'histoire de l'ornementation monumentale au Cambodge.

Le chapitre VI traite du caractère spécialement religieux de la statuaire, le sentiment de la représentation de l'homme divinisé, les statues des dieux supérieurs et inférieurs, les pyramides de statues, les statues gigantesques et les monstres. On y trouve également une curieuse description des instruments du sculpteur.

Le chapitre VII étudie la sculpture sur bois, les bois précieux de l'Indo-Chine, les ornementations des maisons, le meuble et en particulier le meuble sacré, les instruments de musique en bois.

Le chapitre VIII étudie l'art de l'ivoirier, l'ivoire dit vivant et l'ivoire mort, les différentes sortes d'ivoire et la manière de les distinguer.

Avec le chapitre IX nous entrons dans l'étude de l'art des métaux, les cuivres, les bronzes, la fonte et ses règles traditionnelles ; les moulages et. les cires perdues, les époques du bronze, l'art des Kmers et leurs secrets de la fonte des cloches.

Le chapitre X étudie l'art de l'orfèvrerie, de la bijouterie et de la joaillerie, l'étirage, le martelage, la ciselure et l'émaillage.

Le chapitre XI est consacré à la céramique et traite de son histoire par la description. des anciennes fabriques impériales d'Annam, les époques de la porcelaine épaisse et l'historique de quelques grandes marques. Il étudie la technique, les principes et les procédés, le détail et la perspective, la peinture, l'émail.

Le chapitre XII étudie les arts du dessin et leurs applications sur les tissus, les broderies, les laques, les incrustations de métaux et de nacres. L'ouvrage se termine par des considérations générales sur l'esthétique indo-chinoise.

L'ANNAM SANGLANT, Chamuel éditeur, 1898, un volume grand in-8 de 130 pages, avec hors texte en phototypie, composition d'Albert Cézard, est un roman documentaire qui précise le rôle mystérieux joué par le fameux chef des Co-Den, Luu-Vinh-Phuoc, pendant la conquête de l'Annam et du Tonkin. Le chapitre premier raconte la légende très populaire en Annam de la naissance du futur héros. Le chapitre II est surtout remarquable par la traduction qu'il donne de la proclamation de l'empereur d'Annam, proclamation qui fut affichée quelques jours avant l'ouverture des hostilités. Les chapitres IV et V nous présentent la personnalité du seigneur Luu qui se révèle immédiatement comme le maître sous les ordres duquel vont se grouper les efforts indigènes pour la défense du sol et des traditions. Le chapitre VI décrit la mort héroïque de Huyhn-Dieu, gouverneur de la citadelle de Hanoï, exécuté sur les ordres de Luu-Vinh pour n'avoir pas su empêcher les *barbares blancs* de s'emparer de la ville. Le chapitre VII contient une dissertation ésotérique très remarquable sur le châtiment infligé au gouverneur d'Hanoï, et l'exhortation du seigneur Luu aux Bonzes et aux dignitaires annamites pour exalter la foi et la confiance de ceux-ci dans les Génies protecteurs de la race. Le chapitre VIII décrit la bataille qui fut livrée aux Français près de la citadelle de Hanoï, au lieu dit *Le Pont de Papier*. C'est là que notre commandant Rivière, de glorieuse mémoire, trouva la mort ; et, à ce propos, une version nouvelle de cet événement est présentée au lecteur, qui y trouve des documents jusqu'alors ignorés jetant une clarté très précise sur ce fait toujours resté mystérieux. Le chapitre IX nous présente la personnalité de Hoang-Ké-Viem, haut mandarin qui sera l'âme de la résistance, une fois l'empereur d'Annam exilé. Le chapitre X décrit une fête rituelle ésotérique donnée sous la présidence du seigneur Luu dans une pagode royale édifiée sur les domaines de Hoang-Ké-Viem, et complète ainsi le portrait de ce dernier esquissé dans le précédent chapitre. Pour lui la parole équivalait à l'action, la primait même : il disait son devoir accompli par l'ordre donné ou écrit, laissant à d'infimes subalternes le soin de se mouvoir pour en surveiller l'exécution. Les lectures philosophiques, l'opium, la contemplation des spectacles que lui donnait la troupe de ses danseurs, de ses acteurs, de ses mimes, suffi-saient à son paisible orgueil et à sa dédaigneuse contenance de grand seigneur oriental.

Les chapitres secrets de certains traités enseignent d'intellectuelles voluptés qu'ignore le vulgaire, et à la réalisation desquelles ne peuvent atteindre que les

puissances les plus indépendantes, les volontés les
plus fortunées, les esprits les mieux affinés par les
décadences des civilisations artistiques.

Il nous est impossible de reproduire ici tout ce
chapitre qui serait à citer en entier ; signalons cependant quelques cantiques et des centons symboliques
célébrant la gloire des Ancêtres, et dans lesquels vibre-
l'âme toute de sagesse et de douce philosophie de
l'Annam.

Le chapitre XI décrit la bataille livrée par les
troupes françaises aux indigènes qui furent presque
miraculeusement épargnés, et ne durent leur salut
qu'à un débordement subit du fleuve Rouge qui fut,
à partir de ce moment, dénommé le fleuve Ami.

Le chapitre XII narre la fin tragique des prison-
niers français qui furent exécutés sur l'ordre de Luu-
Vinh-Phuoc, par suite de la violation de la promesse
faite par les Français de ne pas remonter en armes
dans le Delta plus loin que Hanoï. Avant de procéder
à leur exécution, le seigneur Luu leur tint le discours
suivant :

« — Nous vous avons pris dans les combats; mais
vous ne vous battiez pas pour vous-mêmes, et vous
n'en deviez retirer nul profit. Vous n'êtes donc pas
responsables, ni de l'erreur que vous avez commise
en obéissant à vos chefs, ni du crime de ces derniers,
qui ont rompu leur parole. Votre mort, que j'ai réso-
lue, ne doit pas être une punition pour vous, mais
une punition pour eux, et la vengeance de la loi
contre les coupables dont vous avez été les instru-

ments malfaisants, mais non méchants. *Vous mourrez donc sans aucune douleur,* et afin de rendre vos derniers instants supportables, j'ai décidé que vous seriez tués tous ensemble par le plomb des balles, suivant la coutume de votre pays. »

Les corps de ces malheureux furent ensuite décapités et leurs têtes mises à l'extrémité de bambous qui furent fichés en terre la nuit suivante, à cent mètres des avant-postes français. A ces bambous, une plaquette de bois fut en outre accrochée, sur laquelle se détachait en caractères de laque rouge l'implacable jugement du Maître :

« Ici est la rançon du mensonge »

Les chapitres XII et XIII contiennent le récit de la bataille qui fut livrée sous les remparts de Son-Tay, de laquelle les Annamites sortirent victorieux. Le chapitre XV décrit la seconde partie de l'action contre la ville de Son-Tay, action qui cette fois se termina par la déroute des Co-Den. Ici se place un fait mystérieux que nous n'hésitons pas à signaler. Luu-Vinh-Phuoc était possesseur d'une pierre, talisman nommé ngoc-tran, qui le rendait, d'après la légende, invulnérable ; or ayant, pendant cette seconde partie de l'action, abandonné le commandement pour le passer entre les mains de son fils adoptif, Hoang-Nhi, il tomba immédiatement l'épaule fracassée par une balle. Par contre, Hoang-Nhi, possesseur du ngoc-tran, bondit sur le rempart le plus haut, le sabre levé, apparition blanche et fantastique, dominant les combattants rouges de colère et de sang.

Hoang-Nhi plonge le bras dans la foule hurlante, et le retire sanglant avec une tête coupée qu'il brandit et qu'il renvoie, avec des ricanements, par-dessus les assaillants enragés. Ses habits blancs, rougis du sang ennemi, se voient de loin ; de partout il semble l'âme de la défense, et le génie attaché à la mort des envahisseurs ; les balles ne l'atteignent pas ; les sabres et les haches volent autour de sa tête sans le frapper ; et lui exalté, s'élève intangible dans le meurtre universel.

De loin, les Blancs le prennent pour le chef des Co-Den ; on voit un officier annamite, qui est dans les rangs des envahisseurs, prendre un fusil, le charger et viser soigneusement la robe blanche qui se gonfle à tous les souffles de la bataille.

Mais Hoang-Nhi, avec un beau rire, se campe, de toute sa largeur étendu, de toute sa hauteur dressé, immobile, au pied de l'étendard quadricolore des Co-Den. Le coup, longtemps visé, part ; un globe brillant se visse en sifflant dans un tronc d'arbre, à deux pouces du turban d'Hoang-Nhi ; celui-ci n'a pas sourcillé, il érafle le bois d'un grand coup de sabre, et de la blessure de l'arbre arrache une balle d'or, celle que les impies emploient contre les esprits et les génies, et qui n'a pas atteint le porteur du ngoc-tran.

Le chapitre XVI et dernier raconte comment le seigneur Luu, ramené après sa blessure dans sa maison, se résout à abandonner la lutte. Il se fait transporter dans les retranchements où tristement, en contemplant les morts et les blessés, il conseille la fuite à ses compagnons qui peuvent encore marcher ou se traîner; puis aux moribonds il fait distribuer l'opium dont il dispose, et tous fument jusqu'à extinction de la douleur. Ils regardent en souriant leurs plaies béantes, leurs faces pâles ont repris un calme étrange, leurs yeux démesurément agrandis resplendissent de lumière et leur esprit presque libéré de leurs dépouilles humaines aspire à la délivrance complète et à l'éternelle béatitude, qu'ils partageront avec les glorieux ancêtres, tandis que les vainqueurs se frayent un chemin en achevant les blessés et en piétinant sur les cadavres.

Le Maitre des Sentences, Ollendorf éditeur, 1899, un volume de 226 pages, est le type du roman à thèse indo-chinois. Au milieu d'aventures de guerre, qui ont au moins le double mérite d'être variées et vraies, c'est le problème social que pose, entre le peuple conquérant et le peuple conquis, l'affrontement de deux civilisations opposées, mais toutes deux belles et respectables. Les inconnues de ce problème qui à l'heure actuelle est encore plein de ténèbres et d'inquiétudes, sont agitées tour à tour et dans les sens les plus divers, d'abord par le soldat qui ne saisit que le droit du plus fort, puis par l'intellectuel qui assiste désespéré à une lutte perpétuelle entre les événements et sa conscience, et enfin par le sage qui, réfugié dans les vérités éternelles, sourit dédaigneusement des contingences, alors même qu'elles lui sont mortelles.

L'*Annam Sanglant* et le *Maître des Sentences* formaient les deux premiers tableaux d'un tryptique dont la troisième partie, les *Angoisses*, n'a jamais paru, par suite de circonstances indépendantes de la volonté de. l'auteur. La conclusion en était que les certitudes, acquises par l'éducation au milieu de la civilisation natale, se transformaient chez les esprits observateurs et loyaux en angoisses, lorsqu'elles étaient transplantées au milieu d'une civilisation étrangère basée sur d'autres principes et obéissant à d'autres motifs.

Notons en passant que le *Maître des Sentences* nous présente la physionomie du Docteur qui fut le premier initiateur de Matgioi. La relation des études métaphysiques faites sous le patronage du Maître devait être contenue dans le troisième volume, les *Angoisses;* nous en trouvons l'énoncé théorique, mais non littéraire et didactique, dans la partie philosophique de l'œuvre de Matgioi.

Rimes Chinoises, A. Lemerre éditeur, 1904, un volume, recueil de 47 pièces toutes uniformément de 15 vers alternés à la façon des sonnets. C'est l'œuvre poétique ésotérique de Matgioi qui fut élaborée pendant les courts loisirs que lui laissait la vie active qu'il mena en Extrême-Orient.

Nous voudrions pouvoir citer le volume tout entier, car chacune des pièces contient un enseignement pro-

fond qu'il serait fructueux d'analyser. Contentons-
nous, devant l'impossibilité matérielle, de reproduire
ici une des poésies les plus remarquables comme
adaptation à la métaphysique jaune.

LA DEESSE

(Pour ceux qui savent).

Androgyne muet et blanc, qui nous écoutes,
Blanc comme l'œil des morts et le poil des vieillards,
Quang-Am, dieu du destin, déesse des hasards,
Guide au seuil des déserts, phare au tournant des routes,

Face d'argent, cœur de néant, corps de brouillards,
Lumière des chercheurs, archange des déroutes,
Tu fais battre nos cœurs et baisser nos regards,
Soleil des nuits, Œil des ténèbres, Clef des doutes :

O statue, enterrée au seuil glacé des Mages,
Enigme de métal, ta quadruple beauté
Debout à la naissance et à la fin des âges
Sous son sourire aigu détient la vérité

Et dans ton indolence et ta virginité
Le mystère ambigu de tes quatre visages
D'un amour immortel étreint l'humanité.

L'Opium, Ollendorf éditeur, une plaquette de 120
pages ; c'est la première partie d'une étude complète
qui devait comprendre deux autres parties, non encore
publiées, la première physiologique, la seconde psychique, la troisième spirituelle.

Le premier fascicule indique les moyens matériels,

la pratique et l'art du fumeur. Il contient une théorie absolument inédite avec ses modes de réalisation, c'est-à-dire les chimies grâce auxquelles on peut obtenir des drogues de valeur et de compositions différentes, coordonnées aux résultats qu'on veut en obtenir.

Dans l'examen préparatoire, l'auteur expose l'étude qu'il fit des effets de l'opium sur des tempéraments divers, résultat de dix ans d'observation. Il passe ensuite à la description de la manipulation, la récolte de l'opium et sa préparation industrielle et chez les particuliers. Nous trouvons ensuite une analyse très complète, qualitative et quintative, le titrage de la drogue considéré au point de vue des effets qu'on en veut obtenir. L'auteur met ensuite le praticien en garde contre les falsifications très nombreuses qui peuvent être nuisibles, sinon absolument dangereuses.

Il passe ensuite à l'étude des expériences corporelles, c'est-à-dire à l'art du fumeur proprement dit. La préparation de la pipe, la manière de fumer, les différentes sortes de pipes et les instruments indispensables du fumeur, lampe spéciale, aiguille, cure-pipe, etc.

Cette étude se termine par des conseils pratiques, la nomenclature des adjuvants qui peuvent hâter les effets de l'opium, et les produits qui peuvent pallier la brutalité d'excès toujours regrettables et nuisibles pour la santé de l'opérateur.

Nous arrivons ici à la partie métaphysique et philosophique de l'œuvre de Matgioi. L'étude des divers ouvrages qui la composent sera faite en détail dans les pages qui suivent, sous le titre de : La Doctrine. Nous nous abstiendrons donc de donner le résumé détaillé des chapitres de ces volumes ainsi que nous l'avons fait pour les précédents que nous venons de décrire ; nous nous contenterons simplement de signaler les titres et la table des chapitres des deux plus importants :

1° *Les Livres sacrés et mystiques. Le Tao et le Té de Lao-Tseu, le Traité des Influences errantes de Quang-Dzu.* Trois traductions du chinois. (Bailly éditeur).

2° *Les Sept Eléments de l'Homme.* (Chacornac éditeur).

3° *Les Sociétés secrètes Chinoises.* (Chacornac éditeur).

4° *La Voie Métaphysique* (Le Yi-King et le Taoisme). (Société d'Editions contemporaines, 5, rue du Pont-de-Lodi, Paris).

5° *La Voie Rationnelle* (Lao-Tseu et le Taoisme). (Même éditeur).

Les titres des chapitres de la *Voie Métaphysique* sont :

I La Tradition Primordiale.
II Le Premier monument de la Connaissance.
III Les Graphiques de Dieu.
IV Les Symboles du Verbe.
V Les Formes de l'Univers.

    VI Les Lois de l'Evolution.
    VII Les Destins de l'Humanité.
    VIII Les Conditions de l'Individu
    IX Les Instruments de la Divination (Textes et
        Documents. Appendice).
Les titres des chapitres de la *Voie Rationnelle* sont:
    I Laotseu.
    II Les Concordances Taoistes.
    III Le Tao.
    IV Le Té.
    V Les Actions et les Réactions concordantes.
    VI Le Kan-Ing (traduction).
    VII Les Hiérarchies Taoistes et les Sociétés Se-
        crètes.
VIII Les Sciences sacrées.
    IX Les Sciences expérimentales. Les Sept Elé-
        ments de l'Homme et la Pathogénie chi-
        noise.
    X Le Taoisme contemporain.
        Appendice : Les *Influences Errantes*
        (textes et documents).

LA DOCTRINE

Métaphysique et Philosophie jaune

I

La philosophie chinoise est basée tout entière sur la *Tradition* à laquelle tout jaune, même sans bien la comprendre ou approfondir, est aussi attaché qu'à sa famille, à sa terre et à son propre sang, est tout l'héritage intellectuel et moral des Ancêtres. Cette tradition a ceci de particulier qu'elle ne se réclame pas d'une source divine (au moins directe et spéciale à la race), elle ignore la doctrine théocratique imposée; elle ne constitue pas de dogmes religieux. Cette particularité fut la source d'une fausse interprétation de la part de certains de nos savants occidentaux qui se crurent autorisés à poser en principe que les Jaunes étaient anti-religieux, voire même athés, car leurs investigations dans les monuments de la philosophie chinoise ne leur firent pas découvrir de principes dogmatiques imposés. Nous verrons dans la suite de cet exposé combien cette théorie est erronée, et l'étude des principes de la métaphysique jaune démontrera incontestablement l'esprit profondément théiste et même religieusement synthétique de la race.

« *Aimez la Religion : défiez-vous des Religions.* » Cette maxime, inscrite au fronton des temples et dans l'esprit des hommes, est le seul conseil donné à la race Jaune; et ce conseil n'est pas un ordre. Mais il définit, dans une concision qui n'a d'égale que sa clarté, comment la Religion est précisément la Tradition Primordiale, exclusivement humaine, et comment les Religions, à interventions célestes, sont des moyens plus faciles, mais moins exacts, de s'élever à la Religion.

Et l'on voit immédiatement, de ce système si logique, si simple, si naturel, ou, pour mieux dire, si anti-surnaturel, les conséquences profondes qui découlent pour toute la vie intellectuelle, morale et même matérielle, des peuples assez vastes pour s'y tenir.

La Religion n'a pas d'obligation; car du moment que, appliquée à connaître l'Essence et la Voie de tous les êtres, la raison purement humaine des premiers Sages en a déduit les symboles et les rites, il est impossible de contraindre les hommes à les croire et à les pratiquer : ce qui est sorti d'un cerveau humain n'est pas *a priori* obligatoire pour d'autres cerveaux humains. Les maîtres les plus révérés ont cherché à éclairer les dogmes traditionnels de la lumière la plus brillante et définitive ; mais celui qui ne comprend pas n'est tenu à rien ; mais celui qui n'a pas le

temps de chercher à comprendre n'est tenu à rien.
Et, tout aussi bien que les lettrés les plus savants et
les plus studieux, celui-là est quand même entraîné
dans l'évolution générale, à laquelle il ne peut heu-
reusement échapper, puisqu'il existe.

La Religion n'a pas de sanction; car ce n'est qu'au
nom de Dieu, plus ou moins logiquement invoqué,
que des hommes peuvent menacer leurs semblables
de peines ou de représailles, s'ils ne sont pas crus
dans tout ce qu'ils disent, si peu compréhensibles
qu'ils puissent être ; et pour que ces menaces aient
un effet actif, il faut que ces hommes se déclarent et
soient crus les échos d'un Dieu absent et rigoureux.
Nul ici n'est donc *tenu:* chacun est seulement *engagé*
à s'éclairer suivant ses aptitudes et ses moyens : et,
quel que soit le résultat du travail intellectuel ainsi
entrepris, nulle peine, ni dans la vie terrestre, ni dans
les autres, n'est suspendue sur ceux qui ne suivraient
pas dans leur cœur les enseignements traditionnels.

La Religion n'a pas d'exclusivisme. Il est parfaitement licite, pourvu que les lois ne soient pas enfrein-
tes, de pratiquer ouvertement le taoïsme, le boud-
hisme, le confucianisme, ou tel autre culte extérieur;
il est permis d'en changer ; il est permis de n'appartenir à aucun : il n'y a d'anathème contre personne.

Le Ciel constituant, en fin de l'évolution, l'universalité des êtres, c'est retarder cette évolution (en ad-
mettant la chose comme possible) que de réprouver
ou de condamner une parcelle nécessaire de cette
universalité.

Il n'y a donc point de Religion d'Etat, ni de culte de l'Etat, ni de prêtres fonctionnaires : l'Etat ne protège et ne proscrit aucun culte ; le prosélytisme n'existe pas. L'étude des Religions se poursuit au gré des auditeurs volontaires, chez des maîtres gratuits ; tous les cultes demeurent côte à côte, sous l'œil indifférent de l'Etat, à cette seule condition qu'ils demeurent dans le domaine des consciences, qu'ils ne se disputent pas leurs adeptes, et que, par l'ambition ou la turbulence de leurs représentants, ils ne fomentent pas dans l'Empire de troubles ni de rébellion contre la loi. Il n'y a pas de persécution : les mesures prises au cours de l'histoire contre tels nouveaux cultes, ont été des ripostes et non des attaques.

Il n'y a pas de culte payé : chaque secte ou chaque croyance entretient ses temples et ses prêtres, suivant le nombre et la générosité des adeptes : nul ne s'inquiète de ce qui se passe au fond de ces édifices, les religions étant surtout métaphysiques, et les liturgies n'appartenant spécialement à aucune d'entre elles. Et si l'Etat décrète le lieu et l'époque des honneurs confucéens dans les pagodes commémoratives, c'est que les cérémonies instituées en l'honneur de Confucius n'ont jamais été, de près ou de loin, une religion, mais un *Rite civil*.

Quant à la conduite morale des peuples, qui semble être le but terrestre et immédiat des religions, le philosophe naturiste Confucius s'en charge, en dehors de toute intervention divine ; et on sait de quelle magistrale façon ce doux lettré a éduqué ses disciples, et comment il a mieux conquis l'âme de sa race, que ne firent jamais, des leurs, les prophètes de Judée et de l'Islam, venus parmi les carnages et les mélédictions.

Le premier livre de la Chine — qui est aussi et de beaucoup le premier livre du monde — remonte à l'empereur Fohi, premier des souverains du cycle historique des Jaunes. Tout entourée qu'elle soit de légendes, surajoutées par un respect naïf et populaire, son existence n'est ni contestable ni contestée. Il régna sur ce qui s'appelait alors la Chine, à partir de l'an 3468 avant l'ère chrétienne. Cette chronologie est assise, nous l'avons dit, non pas sur des calculs modernes plus ou moins fantaisistes, mais sur la description précise de l'état du ciel à l'époque où régna Fohi.

Les Chinois ont cela de commun avec les Indous, les Egyptiens et tous les peuples qui, détenteurs d'une tradition, veulent en conserver une sérieuse chronologie.

L'œuvre de Fohi consiste en trois traités, dont deux sont perdus ; les écrits contemporains n'en mentionnent que les titres ; ce sont : le *Lienshan* (chaînes de montagnes), c'est-à-dire le Livre des Principes Inaltérables, contre lesquels rien ne peut prévaloir ; — le *Koueïtsang* (retour), c'est-à-dire le Livre où toutes les questions doivent être ramenées pour trouver leur solution.

Le troisième traité, qui est le « *Premier monument de la Connaissance* humaine », porte le titre de

Yiking (changements dans la révolution circulaire). Ce titre rappelle que toutes les modalités apparentes du créateur dans la création sont étudiées dans soixante-quatre symboles (les hexagrammes) *formant cercle* et dont le dernier est relié intimement au premier. (C'est ici la première occasion de faire remarquer que le Jaune emploie souvent le dessin au lieu de la parole, pour laisser à une idée déterminée toute sa synthétique ampleur).

L'écriture du Yiking est de deux sortes : le *trigramme* pour le texte même de Fohi ; l'*hiérogramme* (caractère primitif ou *Kotéou*) pour les gloses et paraphrases de l'Ecole de Fohi.

La trame du Yiking consiste donc en soixante-quatre hexagrammes, ou trigrammes doubles ; ces soixante-quatre types proviennent, par une révolution en sens inverse de deux cercles concentriques, des huit trigrammes ; ces trigrammes proviennent des quatre digrammes ; et ces digrammes, des positions diverses du trait plein ——— et du trait brisé — —.

Ces deux traits sont des figures symboliques représentatives les plus simples qui aient jamais existé. Où l'empereur Fohi prit-il un symbolisme si naïf ? Là comme ailleurs, et pour l'écriture traductrice de la pensée comme pour la pensée elle-même, Fohi ne s'adressa ni aux interventions célestes ni aux puissances invisibles, mais bien à la nature qui environnait et qui enchantait sa race. C'est à hauteur d'homme que, dans sa logique indiscutable, il prenait le truchement de la Tradition qui devait éclairer et guider l'humanité. En effet, le livre historique des « Rites de Tsheou » dit que : « Avant de tracer les trigrammes, Fohi regarda le ciel, puis baissa les yeux vers la terre, en observa les particularités, considéra les caractères du corps humain et de toutes les choses extérieures. » C'est-à-dire que les deux traits indiquent un état double, ou mieux, l'égalité de deux états, communs à toute la création. Il convient de rapprocher de ce symbole en ligne droite, le même symbole en ligne circulaire, connu de toute l'antiquité orientale, et rajeuni par les Taoïstes, l'*Yn-yang*, représentation du principe double, actif-passif, masculin-féminin, lumineux-obscur, positif-négatif, etc., qui, lorsqu'il est divisé en des deux parties par des observateurs analytiques, produit la fatale erreur du Bien et du Mal, mais qui, indissolublement un en essence (malgré l'aspect que la représentation matérielle est contrainte de lui donner, constitue le *Taiky* ou *Grand-Extrême*, énergique et absolu symbole, gravé au fronton de tous les temples, et que Laotseu a mis en tête de toutes les doctrines asiatiques.

Le trait sans solution de continuité représente l'actif ; le trait avec solution de continuité représente le passif ; et aux traits comme aux principes, Fohi reconnaît l'essence de l'unité de la perfection, dont ils ne sont que des aspects. Gardons-nous bien, ici plus encore qu'en aucun autre lieu du monde, de confondre la chose avec la forme détériorée sous laquelle nous pouvons seulement la figurer, et peut-être même la comprendre ; car les pires erreurs métaphysiques, les

pires cataclysmes moraux sont issus de l'insuffisante
compréhension et de la mauvaise interprétation des
symboles. Et rappelons nous toujours le Dieu Janus,
qui est représenté avec deux figures, et qui cependant
n'en a qu'une, qui n'est ni l'une ni l'autre de celles
que nous pouvons toucher ou voir.

*
* *

II

La différence entre les conceptions, occidentale et
orientale, de Dieu et de l'origine des dieux, et de
l'idée de Dieu, est primordiale et absolue. En Occident, nos langues alphabétiques donnent, à notre sujet
d'études, le nom de quatre lettres, Dieu, qui est d'un
concrétisme merveilleux et si précis qu'on en voit partout les bornes ; et, insatisfaits encore de cette dési-
gnation, les occidentaux l'illustrent par un vieillard
barbu tenant en main une poignée d'éclairs, ou par
un triangle, au milieu duquel il y a un œil. Ici, ce que
nous appelons Dieu n'a pas de nom ; il est représenté
par un caractère appelé Thien (qui, en langage mandarin parlé, se traduit : ciel) ; ce caractère suppose
et comprend une quantité de propriétés spéciales, non
pas au ciel, mais à ce qui est dans le ciel ou derrière
le ciel. Ainsi le Dieu des Jaunes, dans son appellation,
n'est pas un nom particulier : c'est une idée générale.
Et cependant, Fohi, le premier mage historique de
la Chine, jugea que cette « idée générale » était tout

à fait insuffisante, injuste et génératrice d'erreur ;
et il remplaça le caractère par un dessin géométrique,
inspécialisé, aussi généralisé que possible, et dont la
forme serait représentative des raisonnements qu'on
peut faire pour approcher d'une idée qu'on ne saurait
concevoir ; ainsi ce dessin géométrique prend la valeur d'un arcane métaphysique.

Il n'y a qu'une seule perfection, qu'une seule idée
de Dieu, qu'une seule « cause initiale de toutes choses ». Cette perfection, dite « active », est génératrice et réservoir potentiel de toute *activité;* mais elle
n'agit point. Elle est et demeure en soi, sans manifestation possible ; elle est donc inintelligible à l'homme,
en l'état présent du composé humain.

Lorsque cette perfection s'est manifestée, elle a,
sans cesser d'être elle-même, subi la modification qui
la rend intelligible à l'esprit humain ; peu importe
que cette manifestation soit un acte simple de volonté,
ou une action véritable ; du fait même que la perfection a agi, elle est propre à entrer dans la conceptua-
lité ; et elle se dénomme alors la perfection passive
(Khouen). La Perfection est une et inintelligible à
l'homme : pour qu'on puisse en parler, il faut qu'elle
devienne, ou du moins qu'on suppose qu'elle peut de-
venir intelligible. Et ainsi on la représente par deux
graphiques différents. Mais il n'y a tout de même
qu'une seule et unique perfection, et qu'une seule
cause intiale.

La représentation graphique de la Perfection, telle
qu'on la voit en tête de cet article, est conçue d'après

le symbolisme le plus simple. Le *dessin* de l'idée infinie étant indéfini, ne comporte rien de mieux qu'un élément sans commencement ni fin ; et ainsi c'est la ligne droite indéfiniment prolongeable de part et d'autre : elle se termine bien entendu dans le graphique, par la limite de la nécessité matérielle, mais elle ne se termine point dans la pensée, ni dans la supposition. C'est en cela que, malgré l'apparence, le symbolisme de la ligne droite est supérieur à celui de la ligne courbe fermée, ou de la circonférence ; celle-ci, semblable au serpent qui se mord la queue, populaire et fausse apparence de l'Eternité, semble ne se point terminer en circonvoluant indéfiniment sur soi-même; mais, en réalité, et avec précision, elle enclôt un espace, elle détermine une surface, qui est le cercle, qui a une mesure, et qui est donc fini. Et rien ne peut empêcher cette détermination, c'est-à-dire cette infériorité et cette insuffisance notoire du symbole.

Au contraire la ligne droite, à mesure qu'on la prolonge, par une supposition perpétuelle, se *dépersonnalise*, et est la propre image de *l'indéfini*, puisqu'elle ne détermine, n'enserre, *ne définit rien*. Bien mieux : si nous supposons un plan quelconque engendré par cette droite. nous avons l'indéfini de l'espace; et si nous supposons simultanés *tous* les plans engendrés par cette droite indéfinie, nous avons le « *volume universel* », c'est-à-dire le symbole de l'infini. Et c'est pourquoi on voit la supériorité presque toujours méconnue, de la ligne droite sur la circonférence, en tant que représentation symbolique.

Si maintenant nous pensons la Perfection, c'est-à-dire si notre pensée fait, de la Perfection active, la Perfection passive, nous reconnaissons l'identité absolue de ces entités quant au fond, sinon quant à la forme ; et nous attachons, par le seul fait de notre pensée, à la perfection passive, l'idée de notre multiplicité et de notre divisibilité (caractère spécial de la modification humaine et de la pensée, spécial à l'état humain).

Ainsi le symbole de la perfection passive doit être en tout point celui de l'active, et doit engendrer en plus l'idée de la multiplicité (le « *plus* » déterminatif est un « *moins* » métaphysique). C'est pourquoi le symbole de la Perfection passive sera la ligne droite indéfinie, avec une série indéfinie de solutions de continuité. Telle est la signification du trait brisé au point de vue de la divisibilité de l'Etre, c'est-à-dire au point de vue de la multiplicité des actions et des formes. Et ainsi nous possédons deux symbolismes justes, puissants et simples : c'est sur eux que sont construits les trigrammes de Fohi, les hexagrammes du Yiking, et les soixante-quatre arcanes de l'Evolution

Comme nous l'avons déjà dit, la Perfection active n'agit pas, mais elle est « grosse » de toute action, et, *au point de vue humain*, le *principe action* est la preuve de sa perfection, et le commencement de la possibilité de son intellection. C'est pourquoi, s'adressant à des êtres humains, et désirant leur faire comprendre la plus haute portée humaine de la Métaphysique, le mage chinois met en première ligne l'*acti-*

vité; et la suprême marque de l'activité, pour la perfection, est la faculté d'*engendrer parfaitement,* c'est-
à-dire de se reproduire soi-même sans secours. Cette
idée, toute naturelle — et que, sans faire le moindre
jeu de mots, on peut appeler *l'idée-mère* — se traduit
dans le symbolisme graphique en doublant le signe
de la perfection (active ou passive, trait continu ou
trait brisé) par un trait semblable. Ainsi est formé le
digramme. Ce digramme est précisément la représentative symbolique du Père et de la Mère, c'est-à-dire
des moyens de la conception ; ainsi les deux traits
conçoivent le troisième ; le Père et la Mère engen-
drent l'enfant ; et, dans le symbolisme, le trigramme
immédiatement sort du digramme, qui n'est pas un
état permanent, mais un *passage* de l'Unité à la
Triade. Telle est la genèse des trigrammes de Fohi.

Appuyons sur ce fait, d'une profonde conséquence
métaphysique et morale, que l'état digrammatique
n'existe que comme un instant. Dans l'œuvre formidable du Yiking et de tous ses commentaires, l'existence du digramme est mentionnée une fois, sur la
valeur typographique d'une ligne de lettres occiden-
tales. Ainsi il est précisé par un volontaire silence,
que ce n'est pas un état logique, mais seulement un
instant nécessaire entre l'Unité et la Trinité. Seul le
Père vaut d'exister : et l'androgyne éternel ne se
sépare que pour se féconder lui-même. Et l'instant est
mathématique; le père et la mère n'existent que pour
créer : au moment de la création, ils sont unis et ne
forment qu'un ; au moment où ils se séparent, le

germe existe, et ils sont déjà trois. — On peut s'inté-
resser à pousser ce principe dans tous les mondes :
ainsi il n'est point de bien et de mal hors de la relativité humaine ; ainsi il n'est point d'union de l'âme et
du corps hors de l'esprit ; ainsi, pour parler catholi-
que et Kabbale, il n'est point de Père et de Fils sans
Saint-Esprit : le mystère chrétien de la Trinité devient un axiome ; et les sociétés et les religions, qui
négligent le Verbe de saint Jean et le Paraclet, ne
sont que d'illogiques et monstrueuses agglomérations.
Nous laissons à nos lecteurs, qui sont évidemment
informés sur toutes ces questions, le plaisir, à la fois
délicat et facile, de tirer de ce théorème métaphysique
toutes les déductions qu'il comporte.

Nous avons constaté combien les systèmes religieux en honneur parmi le gros de l'humanité, cher-
chaient à défigurer Dieu, à le rapprocher de nous,
afin de le faire pénétrer par notre entendement. Ces
systèmes détruisent volontairement l'idée métaphysique, et ne nous offrent donc plus que l'erreur ; ou
bien, en établissant l'anthropomorphisme, ils nous
présentent une thèse aussi grossière que le féti-
chisme des races non cultivées. — Et malgré ces
déformations, ils n'arrivent point à nous satisfaire.

A la suite de la Tradition Primordiale, nous n'avons
pas voulu, nous n'eussions pas pu d'ailleurs, imiter
ces transformations amoindrissantes. Dieu — la Perfection — nous demeure et nous demeurera inintelligible tant que nous-mêmes nous demeurerons des
hommes. Mais cette perfection que nous n'avons pu

comprendre, que nous n'avons pu ni discuter, ni raisonner, ni nommer, nous l'avons dessinée ; et en la dessinant, *nous ne lui avons point donné de contours;* nous ne l'avons pas *finie;* mais nous la connaissons de nos yeux. Par une suite de raisonnements logiques et métaphysiques, sans avoir établi une seule proposition *a priori,* sans avoir exigé l'acceptation d'un seul *postulatum,* sans avoir imposé la croyance au moindre mystère, nous avons, en six lignes, symbolisé parfaitement, sans la détruire et sans l'amoindrir, cette notion de Dieu que nul, sauf Dieu lui-même, ne saurait nommer et comprendre. Ce tracé simple, cette abstraction linéaire, cet arcane métaphysique, nous sentons profondément qu'il est, et ne saurait être autrement qu'il n'est ici présenté. Et nous tenons en main cet instrument merveilleux, par lequel nous pouvons poser sûrement la représentation idéale, entière et axiomale de l'inintelligible. Nous ne le comprenons pas ; nous ne le nommons pas ; nous ne l'écrivons pas — Nous le voyons.

En composant les unes avec les autres les « situations » des *Graphiques de Dieu,* en étudiant, isolément puis parallèlement, les traits qui les composent, on obtient toutes les idées du cerveau et toutes les lumières de la conscience. Dans les applications qu'on en fait, ces situations se modifient, ces traits changent de personnification et d'objet ; en eux et entre eux se manifeste le perpétuel mouvement, qui est le résultat de l'activité primordiale, et la conséquence de l'activité potentielle de la Perfection. Ainsi ce mouvement continu représente parfaitement la série des modalités transformatrices, qui constituent, les unes après les autres, l'existence de l'univers tangible et perceptible, modalités dont la formule tétragrammatique donne la cause profonde et l'explication formelle. Ainsi, chacun des idéogrammes, participant au Principe d'Activité, possède une activité propre, par laquelle il se meut librement, conformément à la voie librement consentie, dont il est une des expressions (et la seule expression immédiate, au moment où l'on en parle).

Il en résulte que chacun des traits, à mesure et pendant qu'on le considère, acquiert une personnalité, due à la manifestation de son activité particulière. Il paraît donc logique et sensé que le symbolisme intellectuel et phonétique (on verra plus tard la raison de ces adjectifs juxtaposés) leur ait donné la figure expresse de la Toute Puissance et de la Toute Activité, c'est-à-dire la figure du DRAGON, « maître omniscient des chemins de la droite et de la gauche » (Phan-Khoatu, I.).

La Légende du Dragon. « Les dragons et les pois-
» sons ont la même origine ; mais combien, pour
» chacun la destinée est différente ! Le poisson ne
» peut vivre hors de son élément ; mais qu'un léger
» nuage s'abaisse vers le sol, et l'on voit le dragon
» s'élancer dans les airs. » Ainsi chante la onzième strophe de cette célèbre ballade : *la Vie joyeuse*, aux sons de laquelle, dans tout l'Extrême-Orient, les

vieux lettrés sourient, et les petits enfants s'endorment.

Elle allusionne la légende du Dragon, que nous citons parce qu'on y trouvera l'origine de la genèse mosaïste, la fiction sinaïtique de la loi, et peut-être aussi le symbole de la synthèse alchimique.

— L'eau qui coule sur la terre, disent les vieux conteurs, est semblable au nuage qui vole dans le ciel ; leur nature à tous deux est semblable ; seule leur apparence diffère. Et c'est la chose importante, car l'humidité féconde l'univers, comme la voie du ciel féconde la pensée des hommes. Rien n'est meilleur, plus fugitif, plus actif, plus universel que l'eau ; mais si leurs actions ne sont pas unies, l'eau du ciel ne peut rien sur la terre, l'eau de la terre ne peut rien sur le nuage du ciel. Ainsi, dans l'eau de la terre le poisson, dans l'eau du ciel l'oiseau Hâc vivent séparés et ils sont imparfaits. Mais si l'orage élève les eaux ou que la chaleur du jour les évapore, et si un léger brouillard s'abaisse sur le sol, ou si un grand vent précipite les nuées vers la terre, alors l'union se fait des deux eaux terrestres et célestes : l'oiseau Hâc descend vers la terre comme les nuages ; le poisson s'élève vers les cieux comme l'eau du fleuve ; quand ils se rencontrent, l'oiseau Hâc prête ses ailes au poisson, le poisson prête à l'oiseau son corps et ses écailles ; au milieu des éclats du tonnerre et parmi les eaux mugissantes apparaît le Grand Poisson sur le dos duquel sont écrits les préceptes secrets de la Loi. Et aussitôt que son dos a touché les nuages abaissés, il devient le dragon Long et disparaît dans les airs avec les nuages qui le recouvrent et l'emportent.

Prenons donc ce symbole du Dragon, tout en le trouvant, si l'on veut, enfantin de langage ; mais conservons-le comme une image excellente, et comme une abréviation commode dans les propositions métaphysiques.

Nous avons dit plus haut qu'il était un parfait symbole intellectuel et phonétique. L'explication de la légende s'applique à l'intellectuel ; le phonétique est plus curieux encore et généralise et éclaircit toutes les données précédentes. Qu'est-ce donc au fond, dans la métaphysique Jaune, que ce Dragon symbolique ? Qu'est-ce donc ce véhicule universel, qui est comme l'*Aura* du symbole ? C'est très exactement le *Verbe*, non seulement dans l'esprit des savants et des commentateurs, mais dans la démonstration de la philologie elle-même.

On sait en effet ce qu'est le LOGOS platonicien et alexandrin. Le radical LOG se prononce fort appuyé, et en syllabe longue. *C'est exactement le nom de l'idéogramme du Dragon.* Celui-ci est LONG avec l'O long et l'N bref et sourd, et il se prononce LOGUE (E muet) dans les vice-royautés de la Chine centrale. Ainsi la philologie apporte son témoignage éclatant à la métaphysique. Il n'y a jamais eu qu'une vérité ; les symboles de cette vérité diffèrent, mais la prononciation de son nom même est partout identique. Et le logos platonicien et le Verbe de l'apôtre Jean, que, sans bien l'approfondir, les chrétiens exaltent à la fin de leurs sacrifices, n'ont pas de représentation plus immédiate, ni de plus exact symbolisme dans toute l'humanité, que cet universel et invisible Dragon qui, du haut du Ciel, couvre toutes les philosophies orientales de son ombre mystérieuse.

Le Dragon « intelligence dont les modifications sont illimitées, symbole des transformations de la voie rationnelle (Tao) de l'activité exprimée par Khiên » (Yiking : chap. I § 8, commentaire de Tsheng-tse) se pose sur le premier trait (trait inférieur et positif, puisqu'il est, comme tous ceux de l'arcane, sans solution de continuité), et il représente « le point de départ du commencement des êtres ». C'est le « *Dragon caché* ».

L'extrême activité de la Perfection ne se produit pas, ne se révèle encore par aucun acte de volonté, par aucune pensée même ; elle est donc cachée, c'est-à-dire inintelligible à l'homme. C'est la période du *non agir*. Et par le mot « période » il faut entendre l'idée de l'état métaphysique, comme par le mot « situation » il faut entendre le « lieu géométrique », toutes les conceptions devant être ici indépendantes des relativités du temps et de l'espace.

Posé sur le second trait, le Dragon émerge ; l'activité commence à se faire sentir sur la surface de la terre : c'est le « *Dragon dans la rizière* ». L'extrême activité du ciel ne se manifeste point encore, mais l'homme saisit qu'elle existe, de même qu'un être dans la rizière est caché par les riz, et qu'on ne le voit point, mais que l'on sait qu'il est là à cause de l'ondulation de la surface à son passage. On remarque ici que le second trait est le trait *médian* du trigramme inférieur, qu'il est donc, pour ainsi dire, le résumé de son expression générale ; on remarque aussi qu'il y a un sens à extraire de sa comparaison avec le trait médian du trigramme supérieur, qui est son sympathique (système des correspondances). Ce sens donne la tendance générale de l'hexagramme. Les deux traits correspondants étant ici tous deux positifs, il en résulte que le sens du Khiên est *renforcé*, c'est-à-dire que l'activité du ciel est extrême, continue, éternelle, et que le *Ciel n'est pas concevable en dehors de l'idée de son activité*. Et, ici comme ailleurs, les significations de la portée symbolique des six traits viennent corroborer les principes, déjà connus, de la métaphysique et de l'expérimentale.

Cette seconde situation se résume parfaitement par cette comparaison de Shiseng : « L'éther positif commence à engendrer, de même que la lumière du soleil commence à éclairer toutes choses, avant que celui-ci paraisse à l'horizon. »

Posé sur le troisième trait, le Dragon se manifeste ; il est sur la situation supérieure du premier trigramme : c'est le moment de la légende où, montant au sommet des eaux mugissantes, il va s'élancer et paraître en réalité ce qu'il est. Si les écailles du dragon sortent des eaux, alors l'homme connaît la science et la loi. C'est le « *Dragon visible* ». L'incessante activité, arrivée en haut d'un trigramme, remonte l'abîme qui la sépare du second trigramme. Il y a matière à une grande circonspection. Et nous appliquerons immédiatement ce conseil tel qu'il est donné. Il y a délicatesse et danger à « voir le dos du Dragon », c'est-à-dire à connaître la Science et la Loi, si on n'y est pas suffisamment préparé par les états antérieurs. (C. f. l'état édénique et la légende du fruit défendu.) C'est là la *volonté d'expansion de tous les êtres*, très parfaite puisqu'elle est le couronnement de l'activité, mais très dangereuse, puisqu'elle peut aboutir à la multiplicité, c'est-à-dire aux formes et à la désunion.

Posé sur le quatrième trait, le Dragon tend à quitter le monde, c'est-à-dire à disparaître, puisque, étant manifesté, il deviendrait, s'il demeurait, intelligible à l'homme, et ne serait plus la Perfection en soi ; mais il ne s'envole point encore ; « il est comme le poisson qui saute hors de l'eau, avec la volonté, mais sans les moyens de disparaître ; c'est le *Dragon bondissant,* également prêt à s'effacer dans l'éther des espaces célestes et dans les profondeurs des gouffres où se trouve le lieu de son repos ». (Yiking. Ch. I § 14 ; commentaire de Tsouhi).

L'incessante activité, à l'extrémité du bond, peut prendre les ailes du Dragon et disparaître en haut, ou conserver les nageoires du poisson et disparaître en bas ; il y a donc liberté d'avancer ou de reculer. C'est ici le symbole de la *liberté et de l'indépendance avec lesquelles l'univers se meut* et entre dans sa voie (Tao). La situation est indéterminée ; mais quelqu'en soit la solution, on voit que le véritable but du mouvement de l'activité est le repos absolu, qui est au delà des forces humaines. (C'est le Nirvana, intelligible, mais inaccessible à l'être humain que nous connaissons).

Posé sur le cinquième trait, le Dragon, entièrement manifesté, agit dans sa plénitude et régit le monde. Il a quitté la terre pour disparaître, mais sur le point d'arriver aux limites, il n'a pas encore disparu, et son influence bienfaisante se répand partout ; c'est le *Dragon volant*, qui, dans cet instant, procure par sa seule vision, l'âge d'or de l'humanité. C'est là l'*expansion heureuse de l'Univers dans la Totalité qui ne cesse point d'être l'Unité*. L'extrême activité fait cette totalité ; la présence du dragon fait cette unité ; et, pour parler un langage moins métaphysique, la création existe tout entière, mais elle n'a point de *formes*.

Rappelons ici que le cinquième trait est le trait médian du trigramme supérieur, et qu'il est correspondant sympathique du deuxième trait ; et remarquons que le deuxième trait est une volonté d'action *non formulée*, et que le cinquième trait est cette action non *formelle*.

Posé sur le sixième trait, le Dragon disparaît ; « la hauteur convenable, dit Tsouhi, est dépassée, l'extrême unité est atteinte, il y a excès d'élévation ». Bien entendu, ce commentaire ne doit s'entendre que par rapport à l'univers visible. C'est là le « *Dragon planant* » qui commence à disparaître ; et avec lui commence à disparaître aussi cette stase de perfection absolue, qui apportait avec elle ce regret de l'impossibilité de son maintien (à cause tout à la fois, de la perfection relative et de l'extrême activité du ciel). « Ce qui est complètement achevé, dit Confucius, ne peut durer longtemps ». Et ainsi l'homme est si imparfait que l'idée même de la perfection amène avec elle la crainte de la perdre. C'est ici la création tangible, ou mieux la *divisibilité de l'unité par la multiplication des formes*, et l'établissement de la dualité relative de la perfection passive, intelligible à l'homme, par la disparition du Dragon, qui symbolisait l'Unité à travers le véhicule universel. C'est la stase actuelle que nous traversons, dans le cycle auquel appartient notre humanité. Et le regret de cette humanité engendre son désir unique, que les psychologues peuvent nommer : le besoin d'idéalisme, et qui est en somme le désir de rentrer dans l'état d'unité, de remplacer la perfection passive par l'active que nous ne comprenons point, mais dont nous savons la nécessaire existence, le désir, en un mot, de *revoir le Dragon*.

Telle est l'harmonie métaphysique inscrite sur la partie formée par le premier hexagramme du Yiking.

III

Le tétragramme de Wenwang donne, avec une forte concision, la clef du phénoménisme universel, qu'on est convenu d'appeler : la création du monde.

Cette appellation, qui énonce un fait (la création, c'est-à-dire, vulgairement, la sortie hors du néant) prépare, aux races qui l'emploient, une inconsciente pétition de principes et une innombrable quantité de difficultés métaphysiques et logiques. Avoir inventé ce mot, avant d'avoir prouvé qu'il répond à une conception intellectuelle ou à un événement matériel, est un symtôme tout à fait caractéristique de l'état du cerveau aryen déformé par le coup de pouce sémitique.

Mais, et surtout, on sera préparé à saisir, dans tout son abstrait métaphysique, le tétragramme de Wenwang, la cause initiale, la modification et la transformation finale de l'Univers.

Le tétragramme, arcane de l'Univers, a encore une autre portée. Et elle n'est peut-être pas moins considérable, au point de vue de l'unification des systèmes philosophiques de l'Orient. C'est en effet du tétragramme de Wenwang, c'est-à-dire de la moelle même du Yiking, que tout le taoïsme est issu. Lorsque nous étudierons cet admirable système de logique et de morale pure, nous reviendrons sur cette filiation. Il nous suffira aujourd'hui de l'affirmer, et de préciser même que, en formulant ces tétragrammes, Wenwang fut le Précurseur de Laotseu. Toute la cosmogonie taoïste y est contenue, et tout ce qui va suivre est du taoïsme pur.

Uyan: Heng: Li: Tsheng: *Cause initiale: liberté: bien: perfection.* Tel est le tétragramme idéogrammatique de Wenwang. Et le Yiking ajoute ces simples mots qui sont le « commentaire traditionnel » de la

formule : « Qu'elle est grande, la cause initiale de
l'activité ! toutes choses lui doivent le commencement de leur éther constitutif ; c'est tout le ciel. Les
nuages marchent ; la pluie étend son effet ; les ger-
mes des êtres se perpétuent dans la forme. La vie
universelle agit dans un mouvement sans fin. La fin et
le commencement sont éclairés d'une grande lumière.
La voie, c'est la modification et la transformation ;
chaque chose se conforme exactement à sa nature et
à sa destinée, et maintient, en s'y accordant, l'extrême
harmonie ; voilà le bien et la perfection ».

La tradition explicative de ces arcanes, que nous
allons exposer, est l'œuvre de Tsheoukong, fils de
Wenwang ; elle a été recueillie, codifiée pour ainsi
dire, par Tshengtse et par Tsouhi. Nous l'avons dit :
la qualité objectivement prédominante du Khien est
l'activité ; et l'activité radie l'énergie et la volonté,
grâce à quoi l'Etre commence à montrer qu'il est. Là
est tout l'Univers visible actuellement dans notre
cercle évolutif et dans la stase humaine qu'on
appelle : la création.

La formule déterminative, ainsi précisée par
Wenwang, en ses quatre idéogrammes, manifeste et
« accompagne » l'Univers, depuis le germe-volonté,
qui fut sa Genèse, jusqu'à son épanouissement complet.

A. La cause volontaire (commencement) de tous les
êtres.

B. La possibilité de création (croissance) de tous les
êtres.

C. La faculté de satisfaction (action) des conditions
de tous les êtres.

D. Le développement normal et parfait (évolution)
de tous les êtres.

Ces quatre idéogrammes, qui ouvrent et referment
sur eux-mêmes les cycles de l'Univers, sont aussi
populaires que le croissant chez les Turcs ou la croix
chez les chrétiens. Ils ont, sur les autres symboles de
l'humanité, l'avantage de contenir en eux, d'une façon
explicite, le résumé de toute la doctrine applicable à
l'actuelle humanité.

Ils ont leur expression *sigillaire plane* dans le symbole graphique de l'Inyang (Taiky ou Grand-Extrême)
dont nous donnerons l'explication plus loin.

Les quatre états signalés par la formule du tétragramme de Wenwang sont appelés : *qualités de la
substance* (Khiên), mais qualités tout à fait inhéren-
tes, et intégrant à l'entité de la *substance* (en quoi
précisément elles diffèrent du sens occidental attaché
au mot : *qualité,* que nous ne pouvons cependant remplacer par aucun autre). Mais nous n'en retirerons
aucun inconvénient, car suivant l'excellente méthode
chinoise, cette qualité intégrante est prise comme la
substance elle-même, et s'y identifie, au moins mo-
mentanément, pour la facilité de la compréhension ;
cette identification est d'ailleurs d'une justesse absolue.

Nous ne donnerons pas de terminologie nouvelle au système cosmogonique que nous étudions ici.

Il est inutile d'essayer de familiariser le lecteur avec les énonciations des idéogrammes ; et pour imprécises qu'elles soient, nous nous en tiendrons à leur traduction en langue ordinaire : cause initiale, liberté, bien, perfection.

La *Cause initiale de la Perfection* (Khiên-uyan) est, dit Tsouhi, le Grand Principe d'où découle la vertu du ciel ; c'est surtout l'omnipotence de ce principe que l'on considère ; là sont incluses potentiellement la Volonté et la Force. Le principe étant actif, la possibilité de la naissance de tous les êtres en constitue la puissance et la grandeur ; et c'est cette grandeur qui constitue le commencement. Le commencement de l'Etre est le point de départ de son objet, c'est-à-dire le principe de causalité, première manifestation de la Perfection, genèse de tout, et spécialement des trois termes suivants du tétragramme. De plus, c'est le principe de causalité considéré dans sa grandeur efficiente, c'est-à-dire la *Cause Universelle*. Dès lors, la *Liberté* n'est que la libre expansion ; le *Bien* et la *Perfection* ne sont que la juste conséquence. C'est à la fois la pureté de la substance, l'universalité de la cause, et l'infinité de l'effet. Telle est la doctrine métaphysique. Au point de vue cosmogonique, c'est la *position* (constatation) de la possibilité de l'Univers.

Il y aurait ici — et ici comme ailleurs on s'en apercevra bien vite — des volumes de déductions et de considérations à écrire. Nous n'en avons ni le loisir, ni la place.

C'est dans l'esprit du lecteur, répétons-le une fois de plus, que ces déductions et ces réflexions doivent se faire. Nous le contraignons ici à n'être pas un lecteur ordinaire, mais un studieux et un attentif. Il faut, comme dit la tradition, qu'il soit, pour sa personnelle éducation, son propre maître et le collaborateur de ses guides. Le travail que, volontairement, nous lui laissons ici à accomplir, est un sûr garant de cette collaboration indispensable, et de la fructueuse excellence de ses dispositions.

Ainsi la *cause initiale* est l'attribut premier de la Perfection (Khiên), et il y a identité entre la Perfection et la *cause initiale*. De la *cause initiale* sortent potentiellement tous les univers, qui y sont contenus en germe. Que l'on veuille bien presser l'un contre l'autre ces deux principes, on en déduira l'impossibilité métaphysique de l'existence du mal, en soi. Nous verrons des multiplications, des divisibilités, des divisions : d'où des insuffisances, des obscurations objectives, des absences relatives. Nulle part nous ne verrons le mal *comme principe*. Et partout, comme preuve de notre donnée métaphysique, nous reconnaîtrons qu'il n'existe point. Et ainsi, avec ce honteux dualisme, cette erreur funeste, ce malentendu initial, disparaissent tous les systèmes inventés pour l'abolir, et toutes les répressions célestes imaginées pour le punir.

Il n'y a pas là de paradoxe. Nous croyons voir le mal dans les choses dont nous souffrons : c'est une

preuve de notre égoïsme ; c'est aussi une marque de
notre insuffisance. Le mal n'existe que par l'idée que
nous nous en faisons, par la croyance que nous lui
donnons : il n'existe qu'en nous. Et nous voyons le
mal relatif, là où nous sommes incapables de voir un
chaînon dans la suite du Bien universel. Toute erreur
vient donc de notre insuffisance et de notre incapacité.
Cette insuffisance vient donc de notre relativité, c'est-
à-dire de notre forme, c'est-à-dire de notre division
analytique, c'est-à-dire de la multiplicité des états
d'être. On va voir que cette multiplicité s'écoule con-
tinuellement, qu'elle est dans le temps, qu'elle est
objective. Toutes les conceptions, qui sont créées dans
son milieu et dans son plan, ne sont pas, par suite,
des Idées pures, ni des aspects de la Vérité.

Elles sont fugitives, instables, erronées. Et parmi
elles, la conception du mal est la conception-type de
l'insuffisant état de conscience où nous sommes. Et
pour préciser métaphysiquement un état mental, qui
n'est dangereux que parce qu'il est généralement ré-
pandu, il faut dire que notre conception de l'existence
du mal est uniquement créée par ce non-sens intellectuel et cette fondamentale erreur, que nous attribuons
inconsciemment à l'objectif, aux relativités, le caractère et les fonctions du subjectif et de l'absolu..

Répétons ici une comparaison grossière, même médiocre, mais très frappante. La lumière existe ; *on la
voit ;* les ténèbres n'existent point. Il y a plus ou moins
de lumière ; il n'y a pas d'obscurité. Dans les nuits
les plus profondes, il y a un terme de comparaison

avec les nuits moins profondes. Ce terme de comparaison est précisément la *lumière* qui subsiste, diffuse, même dans la pire opacité. Mais les ténèbres absolues n'existent pas ; elles sont même inconcevables, puisqu'elles ne pourraient exister que si on ne les voyait pas, c'est-à-dire si elles échappaient au seul sens qui les peut connaître ; et cela est un non-sens dans le domaine objectif.

Appliquée à l'humanité existante, la *cause initiale*, telle que nous venons d'en développer l'expression métaphysique, n'est autre que l'*Idée de Vie*, principe en vertu duquel les êtres sont engendrés. « L'idée de vie, dit Tsouhi, c'est précisément l'humanité (Gen) », dans le sens de « *Solidarité de l'espèce* ». Ce mot de *gen*, qui implique, au même titre que la perpétuité, la communauté de l'existence des êtres, est le mot le plus répété, même dans la conversation ordinaire.

Tous ceux qui ont parcouru la Chine remarquent avec étonnement combien cette notion impersonnelle, délicate, et *contraire à l'individualisme*, tient de place dans l'esprit de tous les Chinois. Il ne faut pas croire pourtant que ce soit une simple observance du souvenir traditionnel, sans consécration pratique.

Avec son habitude de l'application stricte, le Jaune a tiré de la notion sa conséquence immédiate la plus haute, celle de la *solidarité humaine*, dont le *gen* est devenu l'expression directe, et dont les fraternels préceptes sont journellement et partout appliqués comme le premier et aussi le plus naturel des devoirs.

C'est ainsi que, d'un dogme métaphysique, descendu

au plan psychologique et mis en pratique sur le plan social! — d'une façon si continue que cette pratique est devenue une habitude et un besoin — découlent la prospérité relative et la féconde stabilité du peuple et des institutions. Il serait curieux de prouver la constatation de cette vérité appliquée jusqu'à ces derniers corollaires, et de montrer là une résolution originale, mais aussi simple et aussi parfaite que possible, de ces questions sociales qui bouleversent si inconsidérément l'Occident d'aujourd'hui.

Tandis que le premier terme du tétragramme indique « l'Origine ou don de l'être », le second terme (heng) exprime la « Liberté de l'Action du ciel ». Les êtres, dit le Grand Commentaire, commencent à entrer dans le courant de la forme. Il n'y a pas de distinction entre eux, mais ils vont se saisir d'abord de l'existence *uniformelle*, puis des formes extérieures qui les distingueront à nos yeux. Il y a donc une existence *uniformelle*, puis des existences *multiformes*; quant à l'existence *informelle*, elle n'est pas mentionnée ici, car elle est précisément dans la perfection. Et elle ne peut être mentionnée que dans la perfection. C'est l'Eternité. L'existence en soi ne fait pas et ne peut logiquement faire partie d'aucune espèce de création ; on ne peut supposer, sans tomber dans l'absurde, une « génération spontanée » sur le plan métaphysique et peut-être aussi sur quelque autre plan que ce soit. La « racine » de l'Univers est éternelle et par suite inéluctable ; tout ce qui existe, existe en dehors des formes. Ici éclate comme un axiome cette vérité, obscurcie et méconnue si souvent, que : tout ce qui est immortel est éternel.

Si ce n'était employer un terme impropre pour exprimer l'image fausse d'une idée juste, on pourrait dire que cette « *Liberté* » représente l'instant de la volonté créatrice précédant immédiatement l'instant de la création effective ; entre le premier et le troisième terme du tétragramme, le second est humainement impalpable, mais nécessaire à la logique des concepts.

Une grossière comparaison fera mieux ressortir la valeur du symbole : l'eau d'un canal, retenue de trois côtés par des parois de pierre, et du quatrième côté par les portes d'une écluse, est stable et immobile. Vienne l'écluse à soudainement s'ouvrir, l'eau change d'équilibre et tombe brusquement dans le bief inférieur. Or, on peut supposer que la paroi de l'écluse soit enlevée en un instant mathématique ; cet instant n'est pas celui où l'eau commencera de couler, mais le précédera tant soi peu : car l'eau ne tombe que parce que l'obstacle a disparu et l'effet ne peut jamais coïncider exactement avec la cause qui le produit. Il y a donc un moment imperceptible et fugitif où l'eau n'est plus en équilibre, mais ne tombe pas : elle *va* seulement tomber. C'est le moment qui, dans le tétragramme de la Formation de l'Univers, constitue la *Liberté* (*heng*) entre la potentialité de la volonté créatrice et l'apparition des formes.

Mais, sur le plan métaphysique, ce moment, qui est à la fois un lieu géométrique et un « état de con-

science universelle », est illimité. S'il nous paraît
court et ténu au point d'être insaisissable, c'est seulement parce que la force qui l'emplit nous est inintelligible et que nos sens impuissants confondent, à cette
hauteur, les notions de l'être et du temps, dégagées
des imperfections de l'action.

Le troisième terme (li) et le quatrième terme
(tsheng) du tétragramme, *bien, perfection*, paraissent
connexes immédiatement. Le troisième terme exprime
la modification que la forme apporte aux êtres ; le
quatrième terme exprime l'avantage qui doit résulter
de cette modification, si ceux qui l'ont reçue se confor-
ment chacun à leur voie : « La voie de l'autorité, dit
Tsouhi, est la modification et la transformation pro-
gressive ; la transformation est l'accomplissement parfait (ou la fin) de la modification ».

Avant le troisième terme, la création, à l'état volitif,
était identifiée à l'Etre (volonté créatrice, Perfection active, Khiên) et non sortie de lui ; après le troisième terme, elle est toujours l'Etre (Khiên), mais
écoulé dans le courant des formes, et par suite, dans
les différents êtres que nous connaissons. L'avantage
qui résulte de l'apparition des formes, suivant la volonté du ciel, voilà le quatrième terme.

« L'œuvre de la création, dit Tsouhi, est la raison
d'être de la vie ». La vie n'est pas, en effet, un corollaire inévitable mais bien seulement une variété, un
accident de la création. L'acte de la création ne comporte pas du tout, essentiellement du moins, celui

de donner la vie ; car à cause de la Perfection active (Etre en soi) il n'y a pas de place pour une existence analogue et parallèle ; *donner la vie* est une grossière traduction de *créer la forme*. L'une des formes, dans lesquelles l'Etre et les êtres s'écoulent, peut être la vie, telle que nous terrestres l'entendons. Mais elle n'est que l'une des innombrables formes de la création (modifications). Donc la création ne comprend pas seulement tous les êtres vivants, elle comprend aussi tous les non-vivants, c'est-à-dire toutes les formes. Et notons donc, en passant, que la conscience n'est pas du tout inhérente à la vie.

La forme est le moyen direct de la modification ; la transformation est le but définitif, c'est-à-dire la réintégration hors des formes (unité). C'est en suivant cette voie et en atteignant son couronnement, que la volonté du ciel est accomplie, et que le quatrième terme du tétragramme est réalisé.

Précisons, en langage vulgaire, cette donnée inéluctable ; l'Humanité vient de l'Infini ; l'Humanité rentre dans l'Infini. Nous devons dire même qu'elle ne le quitte jamais, et que toutes les modifications se produisent le long de l'Infini ; non seulement la loi de l'Harmonie, mais le bon sens le veulent ainsi. Car si une parcelle de l'Humanité ne suivait pas les autres parcelles de cette forme dans toutes ses modifications et dans la transformation finale et commune de tout l'Univers, cette parcelle ne pourrait que sortir de l'Infini, exister hors de l'Infini, être située à côté de l'Infini. — Or, si l'on peut parfois sortir numéralement de l'Infini mathématique, on ne peut pas sortir, essentiellement, de l'Infini métaphysique sous peine de détruire la notion et l'idée même de cet Infini. Cette preuve par l'absurde peut ne pas satisfaire entière-ment la clairvoyance ; elle n'en demeure pas moins invincible.

Nous sommes tous comme les points de la surface d'un cylindre, qui peuvent paraître appartenir à une droite ou à un plan tangents à cette surface, mais qui n'en font pas moins partie intégrante, non seulement de la surface, mais du volume du cylindre en tant que fonctions de ce volume.

Nous tous, formes visibles et invisibles de l'Uni-vers, nous émanons de l'Infini ; nous n'en pouvons point sortir, nous y sommes toujours liés par l'es-sence ; et nous resterons, après les formes, dans cet Infini, dont jamais nous ne cessons d'être des molé-cules insaisissables, infinitésimales, mais impérative-ment nécessaires.

Cette doctrine nous étreint comme un axiome et nulle révélation ne pourra prétendre imposer une croyance contraire ; et nulle argutie, tirée de la va-leur des conséquences, ne peut prévaloir contre cette vérité, si éclatante que sa démonstration même est pour ainsi dire impalpable.

Tout notre esprit doit tendre à « diminuer les dis-tances », c'est-à-dire à voir disparaître la limite. Nous ne plions pas les genoux devant le mystère ; nous élevons notre entendement jusqu'à lui. Ce jour-là nous serons devenus lui-même ; et dès aujourd'hui nous ne pouvons que rire des terreurs et des menaces qu'on édicte en son nom. — Et malgré tout, nous prétendons que cette audace est le meilleur moyen d'arriver à la connaissance, et que, même dans la doctrine chrétienne (qu'on veut nous faire passer pour la doctrine de l'agenouillement) *le ciel n'appartient qu'aux violents*. Tenter de pénétrer le mystère, c'est la seule manière que nos intelligences aient de l'honorer. Celui là ne respecte pas son père, qui lui tourne le dos, dans la crainte de son visage et son regard. Ne rien bâtir sur le mystère, mais l'étreindre pour le comprendre, en sachant que nos efforts, incapables de succès dans notre état actuel, nous sont comptés à travers nos modifications successives pour la transformation finale, telle est notre règle

Voilà en quoi nous ne sommes point mystiques, mais résolument positifs.

Comment la loi de l'activité fait-elle évoluer les êtres ? La continuité de l'évolution ne satisfait qu'à la causalité ; l'*activité* veut une *action;* une action, quelle qu'elle soit, satisfait à l'activité ; mais la répétition d'une action, quelle qu'elle soit, constitue-t-elle réellement une action ? Nous sommes contraints de répondre que non ; car, au point de vue de l'action elle-même, sa répétition constitue la *monotonie;* et au point de vue des moteurs de l'action, nous voyons qu'une même action est engendrée par les mêmes moteurs, agissant sous la même impulsion, avec la même force ; la *continuité* d'une action n'est donc pas de l'activité ; c'est, au contraire, après la mise en

mouvement, l'*immobilité* du principe moteur. En conséquence, le principe d'activité est satisfait, non pas
par une seule action, non pas par la même action
deux fois ou indéfiniment répétée, mais bien par une
série indéfinie d'actions, qui sont dues à des moteurs
différents, et qui, par suite, ne peuvent être absolument identiques. Donc, au nom du principe d'activité,
*on ne repasse pas deux fois par le même courant des
formes.* Et il nous est tout à fait interdit de croire à la
métempsychose, du moins à la métempsychose bru-
tale et grossière qu'on a extraite à grand peine des
doctrines bouddhistes et pythagoriciennes et qui, en
réalité, ne s'y trouve pas.

*
* *

IV

Le corollaire de nos propositions précédentes montre immédiatement que le cycle humain est un cycle
tout à fait normal, que la modification humaine n'a,
parmi les autres modifications, rien de surprenant ou
de merveilleux, et qu'il n'y a donc pas de solutions ou
de transformations particulières à lui appliquer.

Car, il faut le noter avec force, il n'y a rien d'extraordinaire dans l'humanité, non plus que dans le
sort qui l'attend ; la seule chose extraordinaire qui
pût être, c'est qu'elle ne fût point comme elle est. Elle
fait partie, à sa place naturelle, des modifications de

l'Univers : elle est un des éléments normaux de l'Evolution. Rien n'a été « *créé* » pour l'homme ; rien n'attend l'homme spécialement ; il est venu d'où tout
sortit ; il va où tout retourne et la stase où il se
trouve n'a pas plus d'importance que les autres.

Nous lui en donnons une plus grande, parce que
nous nous y trouvons au moment où nous parlons ;
et cela est très raisonnable, si nous y attachons simplement une plus forte curiosité. Mais nous n'avons
plus qu'une vanité naïve, si cette curiosité nous porte
à réclamer pour l'homme un traitement spécial ; il
faut nous convaincre — et cela est difficile à la fois
pour notre orgueil et pour ceux qui cherchent à en
trafiquer des avantages — que l'homme n'est pas dans
une situation inférieure, qu'il n'est pas dans une situation privilégiée, qu'il est simplement comme il doit
être ; qu'il est un être ni particulièrement heureux
ni particulièrement malheureux et qu'il ne mérite ni
les interjections laudatives ni les exécrations pitoya-
bles, dont les textes religieux l'ont tour à tour enfumé
ou stupéfié.

L'homme est seul à avoir une âme, s'écrient certains adulateurs qui cherchent, comme tous leurs
pareils, à tirer profit de leur flatterie. Cette proposition est aussi manifestement fausse que celle qui
prétendrait que l'homme est seul à avoir un corps. Et
en réalité, cette proposition est fausse tout autant dans
son sens général que dans sa prétention. L'homme
a certainement quelque chose qui lui est spécial,
comme nous allons le préciser plus loin : c'est la

caractéristique même de la stase humaine. Mais les
être modifiés, qui nous suivent et nous précèdent, pos-
sèdent au même titre les caractéristiques post-humai-
nes et anté-humaines, et n'ont pas le droit de s'enor-
gueillir, puisque c'est la loi d'activité qui les leur a
fournies, et qu'ils ne pourraient pas ne pas les acquérir successivement.

Mais la caractéristique humaine, non plus qu'aucune autre, n'est composée d'aucun élément qui ne
se trouverait que dans l'homme. C'est un *composé*
dont les quantités ne se trouvent que dans l'homme à
de certains coefficients, mais dont les éléments con-
sécutifs se retrouvent dans une ou plusieurs stases
adjacentes ; ils ne sont pas *de l'homme;* seule *leur
association* fait l'être humain.

Le dessin mathématique nous montre d'ailleurs une
hélice parfaitement régulière et coordonnée ; aucun
point n'est excentrique ; tous sont réguliers et consé-
quentiels des éléments générateurs de la figure; l'humanité est sur l'un de ces points ou mieux sur l'une
des spires composées par ces points. Elle est donc
entièrement normale ; elle n'a point les *préférences
de la Divinité,* et nous devons reléguer dans l'arsenal
vieilli de nos orgueils et de nos terreurs les éloges et
les menaces qui nous furent solennellement impartis
au nom de cette *situation privilégiée,* qui n'est rien
qu'une conception folle et tout à fait contraire au
principe de l'Evolution et à la Perfection elle-même.

La loi d'harmonie pousse l'Humanité le long de son
cycle avec un mouvement général et uniforme. Le

mouvement est général, en ce qu'aucune des parcelles qui constituent l'Humanité ne saurait y échapper par hasard, ou volontairement s'y soustraire ; il est uniforme en ce que la cause initiale (le mouvement dû à la manifestation de la volonté du ciel) s'exerce sur toute l'Humanité d'une sorte toujours égale à elle-même, et que celle-ci se meut donc le long de sa spire sans secousse et sans arrêt. Cette loi de l'harmonie a une triple conséquence ; dans le sort de l'humanité, il n'y a point de hasard ; il n'y a point de différenciation essentielle ; il n'y a point de surprise ni d'exceptions.

Il n'y a point de hasard : le hasard est en effet produit par la concordance de l'inconscience de l'élément avec l'absence de son moteur initial. Nous admettons volontiers l'inconscience de l'élément, en tant qu'impuissance dans le cours d'une modification, et d'inintellection impuissante, si on considère la série des modifications. Mais comment admettons-nous l'absence du moteur, c'est-à-dire l'oubli où la Volonté du ciel laisserait la moindre des parcelles que le principe de causalité a lancées dans le mouvement, c'est-à-dire dans l'existence objective ? Cela est tout à fait impossible ; car si l'élément parcellaire considéré était livré au hasard *hors* de l'Univers manifesté, il faudrait nier l'infini de la Volonté du ciel ; et si l'élément était livré au hasard *dans* l'Univers manifesté, il faudrait nier la Perfection omnisciente de cette Volonté. C'est-à-dire que cette Volonté du ciel n'existerait point. Le *hasard* et le *ciel* sont contradictoires et exclusifs l'un

de l'autre. Et comme l'Univers est le ciel manifesté,
il nous faut nier, soit le hasard, soit l'Univers, jusque
dans le plus concret témoignage de nos sens. Nous
sommes donc conduits à cette proposition véritable :
le Hasard n'existe pas. Et nous sommes heureux de
constater que cette proposition est dès longtemps
inscrite au seuil de la haute science purement occidentale, et en exergue des œuvres des maîtres qui
s'en occupent. Dans le christianisme et dans tous les
systèmes religieux et philosophiques qui émanent de
lui ou dont il émane, cette partie efficiente du principe d'harmonie porte le nom de *Providence*, mot
dont la signification radicale constitue la négation
même du hasard.

Enfin il n'y a pas, dans ce mouvement, de heurt, de
secousse, ni d'imprévu ; c'est-à-dire que la marche est
méthodique. L'harmonie affecte tous les êtres dans
leur passivité et régularise leur émission dans les formes. Il n'y a donc point de création imprévue ; il n'y
a pas de *génération spontanée ;* tous les êtres en même
temps existèrent, et le premier jour de la constatation, par nous, de leur existence, n'est pas le jour de
leur naissance ; cette prétention est encore une bouf-
fée d'orgueil de cerveaux humains servis par une
intelligence imparfaite et par des organes sensoriels
en réalité très médiocres ; elle n'est pas plus soute-
nable que l'opinion d'un astronome (je crois, pour
l'honneur de l'astronomie, que cet astronome n'existe
et n'existera point), qui déclarerait qu'une étoile vient
d'être créée le jour où il l'aperçoit pour la première

fois dans le champ de sa lunette, tandis que, réellement, cet astre était si éloigné de notre globe que la lumière émise par lui vient seulement de nous parvenir. Il serait ridicule de refuser aux principes de la métaphysique et aux manifestations du subjectif ce que l'on accorde aux lois d'une science contingente. Il n'y a donc pas de génération spontanée. Mais la régularité de l'émission des formes veut davantage ; elle veut la transmission régulière de la forme, et elle la veut dans les plus petits détails. Ainsi la *forme* humaine sera toujours la *forme* humaine ; et il n'est pas plus possible à un homme d'engendrer un bœuf, qu'à un bœuf d'engendrer un homme, ou à une plante d'engendrer un morceau de métal. Cet énoncé paraît ridicule ; il le paraîtra beaucoup moins quand on comprendra qu'il émet l'impossibilité que, à travers tous les perfectionnements ou les échelons que l'on voudra, un singe engendre un homme, et que, par là, se trouve irrémédiablement condamnée cette bizarre théorie littréenne, qu'on a mal à propos décorée du vocable de Darwinisme. Les derniers tenants de ces propositions sans démonstration possible, physique ou métaphysique, n'admettraient point pour possible qu'un couple nègre procréât un blanc, mais trouvent plausible qu'un couple d'orangs, au fond des bois et dans un impénétrable mystère, aient un jour procréé un être humain.

Il n'y a pas de terreurs ni de souffrances éternelles; prouvons-le, dans le langage le plus court et le plus enfantin.

S'il existait éternellement une souffrance, en dehors
de Dieu, Dieu ne contiendrait pas tout ; il ne serait
pas infini ; il ne serait pas Dieu. S'il existait éternellement une souffrance au dedans de Dieu, Dieu ne
serait pas infiniment bon ; il ne serait pas Dieu. La
souffrance éternelle n'existe donc ni en Dieu, ni hors
Dieu. C'est-à-dire qu'elle n'existe point et ne *peut*
pas exister. Les menaces les plus éloquentes, les vitu-
pérations les plus intéressées ne sortiront point de ce
simple dilemme, où toute la raison se trouve enfer-
mée.

D'ailleurs, c'est expressément la volonté du ciel qui
émet les êtres dans le courant des formes ; sans cette
volonté Eternelle, ni le mouvement ni la Forme, ni
la moindre partie de la « *création* » n'existerait ;
comment supposer que cette volonté, qui s'exerce à
la naissance et durant toutes les modifications des
êtres, ne s'exercerait plus au moment de la transformation finale ? et la laisserait péricliter ou déchoir ?
et comment supposer que cette volonté, s'exerçant
éternellement, conduirait les êtres issus d'elle, et par
elle seule, à une fin de souffrance et de malheur ?
Comment supposer qu'elle ne les guide pas ? Comment supposer qu'elle les guide ailleurs qu'à elle-
même, c'est-à-dire à une fin identique au commencement ? Ce sont là des prétentions sans logique, sans
justice, sans bonté, tout à fait révoltantes, et qui sentent précisément leur origine humaine, c'est-à-dire
médiocre et particulariste. Seul un être borné peut
concevoir une solution contraire au bien, c'est-à-dire

négative. — Et par le fait qu'une solution est négative et bornée, elle ne peut sortir de la contingence
où elle a été engendrée, et elle est inapplicable aux
problèmes qui relèvent du subjectif.

Toute volonté égalant la Divine est identique à
elle ; donc aucune volonté ne peut, *avec égalité*, se
dresser contre la volonté Divine. — Il n'y a donc pas
de volonté qui triomphe de la Divine ; *il n'y a donc
pas de liberté contre l'Activité du ciel.* Les desseins
du ciel ne peuvent être renversés, ni traversés, ni
retardés : rien ne peut prévaloir contre eux ; et toutes
les doctrines religieuses — la doctrine même de
Rome, exprimée dans le plus mauvais latin qui soit
au monde (*et portæ inferi non prœvalebunt*, etc.) —
sont ici d'accord avec la métaphysique et la logique
naturelle. La Liberté totale n'existe qu'en l'Infini, et
n'agit que par l'Infini, et dans la volonté de l'Infini. —
Un être écoulé dans le courant des formes ne peut
pas être doué de la liberté totale, sans quoi il serait
immédiatement Dieu. Et l'univers est invinciblement
régi ; et il marche invinciblement vers ses destins.
Et de même que l'homme ne naît pas quand il veut
et ne choisit point le moment de sa mort, l'humanité
naît dans une modification et la quitte dans les conditions prévues par la volonté du ciel. Et elle arrive là
où la volonté du ciel l'a, de toute éternité, dirigée.

La Liberté totale est à la fois le plus dangereux et
le plus ridicule cadeau qu'on ait voulu faire à l'Humanité : dangereux parce que elle pouvait ainsi s'oppo-
ser à des destins heureux ; ridicule par ce que ceux

qui ont prétendu le lui faire n'ont pas pris garde qu'en permettant à l'Humanité de tenir tête à Dieu, ils faisaient l'Humanité Dieu. — Mais cette invention de l'orgueil et de la cupidité humaine se souciait peu d'un tel contre-sens joint à une telle impiété. La *Liberté Totale,* que l'espèce humaine acceptait par orgueil, conduisait à la *responsabilité totale,* à la *Faute Totale* et à la *Peine Eternelle,* seule réparation possible de cette faute totale. Et les inventeurs du théorême et de ses conséquences avaient inventé en même temps que, ministres de Dieu sur la terre, ils pouvaient, moyennant des prières, de l'argent, des avantages de toute sorte, préserver de la *Peine Eternelle,* remettre la *Faute Totale,* diriger la *responsabilité totale,* et se faisaient ainsi, par un ingénieux choc en retour, payer cette *liberté totale,* dont ils avaient fait le cadeau gratuit à l'humanité bénévole.

Nous savons bien que nous détruisons ici le plus vif préjugé de l'espèce, en ce que nous lui enlevons, avec un danger qu'elle a peine à croire imaginaire, les protecteurs nés contre ce danger et parce que, si nous étions entendus, nous enlèverions à ces protecteurs le facile gagne-pain avec quoi ils prospèrent, et la facile influence avec quoi ils règnent depuis des siècles. Nous savons que nous attaquons ici une conviction, assise profondément dans la conscience que nos ancêtres, nos éducateurs et d'innombrables années nous ont faite ; nous nous rendons un compte d'autant plus exact de la difficulté de cette tâche que, en nous-mêmes et après avoir établi irrévocablement notre certitude, parfois encore fermente le levain des antiques terreurs et se lève la crainte héréditaire qui assiégea notre enfance. Difficilement on libère son esprit et sa raison des entraves les plus inacceptables lorsqu'elles sont séculaires et qu'elles empruntent l'autorité de ceux qui nous enseignèrent et que nous avons aimés. Mais en toute vérité, il nous est impossible d'admettre même une fois, la victoire du sentiment irraisonné sur la logique et de croire que Dieu ait consenti à s'égaler à l'homme précisément pour le malheur de ce dernier et que le « *créateur* » se soit plu à se déclarer impuissant à rendre inévitablement heureuse sa « *créature* » dans cette « *éternité* » qu'Il lui a donnée et qu'elle ne Lui demandait pas.

Le retour dans la Perfection Totale, qui est déterminé par la *Fin de la Limite,* aussi bien au moral qu'au physique, c'est-à-dire à la fois par la fin du courant des formes et par la fin de l'individualité des parcelles, on saisit bien par cette détermination même, ce qu'il est : c'est le « retour dans le sein de Dieu », la « Perte dans le Grand Tout » le « Ciel », le « Paradis ». C'est, en un mot qui résume toute la pensée humaine sur le sujet, c'est le *Nirvana,* que les races jaunes appellent *Nibban* (qui est le même mot).

Le plus grand des mystiques chinois, qui fut peut-être le premier philosophe du monde, Laotseu, dit parfaitement ce qu'est le *Nirvana,* lieu métaphysique de la Perfection Active ou de la Volonté du Ciel non manifestée. (Et, en effet, elle cesse d'être manifestée quand se tarit le courant des formes). Nous verrons, dans les œuvres profondes de Laotseu, comment nous devons entendre le Nirvana, c'est-à-dire comment l'entendent les textes antiques de l'Inde, qui sont ici les nôtres et ceux de toute l'humanité pensante. La polémique et la critique occidentale ont eu beau jeu à le défigurer et à vouloir en faire une négativité ; la compréhension et les attaques modernes s'en arrangeaient mieux. Mais ces savants incomplets ne songeaient guère que, ce faisant, ils égalaient complaisamment au Néant l'activité totale ; et ainsi ils commirent, en métaphysique, la même erreur grossière que celle que commettrait, en mathématique, l'élève ignorant ou inconscient qui prendrait, volontairement ou non, le zéro pour une « *absence* » de chiffre ou pour un chiffre et oublierait que c'est un nombre.

Peut-on concevoir que les êtres, une fois confondus dans le Nirvana, puissent en sortir de nouveau pour rentrer dans un autre courant de formes et pour éterniser ainsi leur mouvement particulier ? Nous avons vu que la mathématique répondait par l'affirmative nécessaire ; car, en saisissant notre représentation graphique, le cylindre cyclique demeure cylindre, l'hélice de la destinée s'enroule éternellement autour de sa surface latérale ; ou le cylindre, considéré à l'infini mathématique, devient cône, et tout cône suppose une autre nappe conique opposée par le sommet, dont les branches s'écartent indéfiniment dans les espaces transfinis. Et ainsi l'hélice est sans

fin de part et d'autre. Mais cette *nécessité* n'existe pas
en métaphysique, d'abord parce que l'infini métaphysique n'admet pas, comme l'infini mathématique, un
au-delà quelconque, ni en espace, ni en volume, ni en
pensée ; ensuite parce que l'éternité de l'action (vou-
lue par la manifestation de la Perfection) n'exige pas
invinciblement un courant des formes ; le mouvement collectif est tout aussi bien un mouvement que
la somme indéfinie des mouvements individuels : la
forme n'est pas nécessaire au mouvement. Et enfin
le mouvement potentiel non manifesté est aussi un
mouvement. — Il n'est pas besoin de se déplacer
pour se mouvoir, pas plus qu'il n'est besoin d'agir
pour vouloir et pour penser.

Il n'y a donc point de nécessité. Mais, en l'état présent de notre raison, nous devons déclarer que la possibilité subsiste. Car ce qui est aujourd'hui possible
est possible d'une manière indéfinie. Seulement on
conçoit mal que l'attraction de la volonté du ciel,
après avoir tout réintégré, désintègre tout de nouveau. Et, nous le répétons, il n'est pas indispensable
d'accepter cette conception comme si elle était utile à
l'*Activité Eternelle ;* le mouvement n'est pas plus
essentiel à l'*activité* que la forme n'est *essentielle* à
l'être. Deux opinions existent, toutes deux acceptables,
l'une que l'être réintégré dans l'Unité y demeure
éternellement ; l'autre que l'émission dans le courant des formes est éternelle, mais que, les parcelles
individuelles étant infiniment nombreuses, la même
parcelle n'entre pas deux fois dans le courant des

formes (ce qui indique parfaitement combien il est
indifférent à l'espèce humaine de choisir entre les
deux opinions).

On peut donc, en toute liberté, apprécier, suivant sa
sentimentalité propre, la « Transformation » ou le
mécanisme final de l'Univers. Car tous les chemins
choisis mènent au but unique. Et ce but, la Réintégration bienheureuse et totale, est voulu à la fois par
la Tradition écrite, par la raison métaphysique, par
la raison mathématique, et par la satisfaction des
trois attributs que toutes les religions accordent essentiellement à leurs Dieux, la Bonté, la Justice et la
Gloire.

* *

V

Le cercle du destin individuel de chacun est, dans
les races jaunes, représenté par le symbole de
l'Ynyang.

Quelques brèves explications sont nécessaires.
L'Ynyang est un cercle. C'est un cercle représentatif
d'une évolution, individuelle ou spécifique, et il ne
participe que par deux dimensions au cylindre cyclique universel. N'ayant point d'épaisseur, il n'a pas
d'opacité, et il est représenté diaphane et transparent,
c'est-à-dire que les graphiques des évolutions, anté-

rieures ou postérieures à son moment, se voient et s'impriment au regard à travers lui.

La spirale, qui divise en forme de S le cercle de l'Ynyang n'est pas un symbole seulement de l'hélice universelle ; elle est la *trace descriptive*, suivant la langue mathématique, de cette hélice elle-même. Considérons en effet l'Ynyang du seul point où il puisse être considéré véritablement, c'est-à-dire, en somme, considérons-le par rapport à la Perfection, et « du haut du lieu géométrique et métaphysique de la volonté du ciel ».

Une des branches de la courbe en S est la projection mathématique, sur plan horizontal (géométrie descriptive) de la portion d'hélice qui, le long du cylindre universel (devenant cône à l'infini) va, du point de la spire où l'Ynyang est tangent, jusqu'à la réintégration en la Perfection. — L'autre branche de la courbe en S est la projection (par transparence du cercle de l'Ynyang) de la portion d'hélice qui va, de la Perfection active écoulant les formes, jusqu'au même point de tangence de la spire avec le cercle de l'Ynyang. — C'est toute la trace de la courbe universelle, depuis la volonté qui émet, jusqu'à la volonté qui réintègre.

Une moitié de l'Ynyang est noire ; c'est celle qui représente l'évolution *au dessous* du cercle ; l'autre est blanche : c'est celle qui représente l'évolution *au dessus* du cercle considéré. Ces deux moitiés sont égales : car, puisque le point de départ et le but sont l'Infini, le point considéré de la spire peut, par rap-

port à l'Infini, être supposé; véridiquement, et toujours, à égale distance entre le point de départ et le
point d'arrivée. Les deux petits cercles intérieurs, l'un
noir dans la surface blanche, l'autre blanc dans la
surface noire, sont là, d'abord pour rappeler la
« transparence » du symbole, et ensuite pour montrer que ces oppositions de coloration ne constituent
pas une réalité, et que le blanc existe sous et avec le
noir, et le noir sous et avec le blanc, et que, en réalité, l'Ynyang est tout blanc, et tout noir, suivant
qu'on le considère par rapport à son départ, ou par
rapport à son but. D'ailleurs, pour ceux qu'une vaine
apparence tromperait encore après cet éclaircisse-
ment, il faut se rappeler que l'Ynyang est le symbole
de l'évolution humaine individuelle, c'est-à-dire d'une
activité. Ce symbole doit donc être pris comme actif
en lui-même : et pour le considérer tel qu'il doit être,
il faut le faire tourner autour de son centre. Nous
voyons dès lors qu'il est *unicolore*, et que, jamais,
par suite, on ne peut prétendre y trouver, même
superficiellement, le moindre caractère de dualisme.
En existant, l'Ynyang satisfait au principe de causalité ; en se mouvant autour de son centre avec la
vitesse de l'évolution humaine spécifique, il satisfait
à la loi d'activité; en ayant la forme circulaire, il satisfait à la loi d'harmonie; en étant précédé et suivi
d'un nombre indéfini de cercles concentriques, il
satisfait à la loi du bien. Mais remarquons ici — et
c'est une réflexion qu'il faut faire très profondément
— que les trois premiers principes sont satisfaits à

l'intérieur même de l'Ynyang, et que la satisfaction du quatrième principe (principe du bien) se trouve hors de l'Ynyang, c'est-à-dire qu'il faut considérer, pour procurer cette satisfaction, la situation des cercles voisins immédiatement. Dans l'intérieur d'un cercle considéré seul, la loi du bien n'est pas satisfaite. C'est dire que, *dans l'intérieur d'une évolution humaine individuelle, l'attraction de la volonté du ciel ne se fait pas sentir.*

L'entrée dans l'Ynyang et la sortie de l'Ynyang ne sont pas à la disposition de l'Individu : car ce sont deux points qui appartiennent, bien qu'à l'Ynyang, à la spire inscrite sur la surface latérale du cylindre, et qui sont soumis à l'attraction de la volonté du ciel. Et, en réalité, en effet, l'homme n'est pas libre de sa naissance ni de sa mort. Pour sa naissance, il n'est libre, ni de l'acceptation, ni du refus, ni du moment. Pour la mort, il n'est pas libre de s'y soustraire ; et il ne doit pas non plus, en toute justice analogique, être libre du moment de sa mort, et c'est pourquoi, disons-le en passant, le suicide est l'acte le plus anormal et contraire aux intérêts de l'individu.

En tout cas, il n'est pas libre d'aucune des conditions de ces deux actes ; la naissance le lance invinciblement sur le circulus d'une existence qu'il n'a ni demandée, ni choisie ; la mort le retire de ce circulus et le lance invinciblement dans un autre, prescrit et prévu par la volonté du ciel, sans qu'il puisse rien en modifier. Ainsi l'homme terrestre est esclave, quant à sa naissance et quant à sa mort, c'est-à-dire par rapport aux deux actes principaux de sa vie individuelle, aux seuls qui résument en somme son évolution spéciale au regard de l'Infini.

Mais entre sa naissance et sa mort, sur ce cercle sans épaisseur, sur cette surface impondérable du volume universel où l'attraction de la volonté d'en haut ne s'exerce point, *l'individu est libre*. Il est libre absolument, dans l'émission et dans le sens de tous ses actes terrestres. Il n'a plus pour maître la volonté du ciel : il a pour guide la conscience obscure, sorte d'instinct mental, qui n'est pas le même pour tous les individus, qui évolue, s'épaissit ou s'affine avec chacun d'eux, et qui est en rapport arithmétique avec les facultés intellectuelles de l'individu, et la valeur du milieu social où il se meut. C'est cette conscience qui est la génératrice dynamique de ses actes personnels.

C'est dans le phénoménisme moral où s'exerce cette conscience, instrument médiocre, que prennent naissance les contingences du bien et du mal. Et c'est la croyance personnelle au bien et au mal, limités l'un par l'autre, qui fait, du bien et du mal, une réalité objective dans l'esprit humain *C'est la conscience de l'homme qui crée le bien et le mal, et c'est la liberté de l'homme qui, lui permettant de suivre l'un ou l'autre, crée des responsabilités.*

Ainsi, voilà bien posé l'agrégat humain. Aucun de ses éléments ne lui appartient en propre, puisque tous ils font partie d'autres agrégats, soit inférieurs, soit supérieurs. Aucun d'eux n'est affecté essentiellement par les phénomènes humains. L'agrégat est donc constitué seulement par l'association temporaire de ces éléments indépendants. Et la caractéristique humaine est que : nulle part ailleurs, ces éléments ne se trouvent réunis ensemble, dans l'ordre et avec les coefficients qu'ils ont dans notre stase. La spécialité humaine n'est donc pas une spécialité d'essence, ni de nature; c'est une spécialité de degré et de méthode. Ce degré, cette méthode, en un mot cet *agencement* particulier, c'est l'Individu.

Mais ce n'est point tout dans l'homme ; et nous touchons ici le fond de la chose métaphysique en ce qui concerne notre état présent. Les éléments de l'agrégat humain, dont nous avons consenti la condensation en trois principaux, sont indépendants les uns des autres, et revêtent, dans l'évolution de l'Univers, des qualités diverses et même disparates, dont le jeu tend à les éloigner les uns des autres. Cependant l'agrégat humain, s'il n'est pas aussi homogène qu'on le peut souhaiter, est solide ; il possède donc *intus* une force de cohésion à quoi il obéit.

On a pu dire que cette force de cohésion était la volonté divine ; c'en peut être, c'en est évidemment une conséquence ; mais ce n'est pas la volonté du ciel elle-même. Qu'on se reporte aux conceptions géométriques indiscutables précédentes, on y verra que, dans la stase humaine, la volonté du ciel ne se fait point sentir, et que c'est pour cela précisément que l'homme possède une liberté relative, et que le symbole graphique de sa stase peut être un cercle et non une révolution d'hélice. Cette force n'est pas la volonté du ciel ; et ce n'est pas non plus la force des éléments constitutifs de l'humanité, laquelle est une force personnelle, indépendante, et par suite centrifuge, par rapport au composé humain.

Cette *force*, qui est une émanation à la volonté du ciel, nous appartient en propre ; cette force qui *retient ensemble* l'agrégat humain, et *qui fait naître et anime l'individu*, c'est la PERSONNALITÉ.

Puisque le but de l'Evolution est l'unité, tous les sentiments suscités par les beautés physiques, toutes les idées suscitées par les beautés sentimentales, inscrits dans la suite des modifications, tendent au lieu métaphysique, où toutes les beautés, devenues la splendeur, et toutes les idées, devenues la Vérité, s'évanouissent, conscientes, dans la Perfection.

Ainsi les personnalités qui, à travers telles individualisations, se rapprochèrent au cours des cycles, se rapprochent à chaque instant davantage : ces unions terrestres, de quelque nom qu'on les nomme, que nous craignons que la mort ne dissolve, se resserrent à travers les modifications, à mesure que nos éléments se perfectionnent ; de telle sorte que — et bien que les liens humains nous semblent étroits — nous sommes ici plus éloignés les uns des autres que nous ne le serons jamais dans les cycles futurs. Notre âpre et sévère logique nous conduit donc à un résultat inévitable, qui satisfait la sentimentalité, débarrassée bien entendu de son égoïsme natif, mieux que toutes les rêveries et toutes les mysticités. Les affinités que nous constatons dans le milieu humain sont le résu-

mé des efforts d'autres cycles qui précédèrent le nô-
tre; elles sont, de même, la préparation et la promesse
de liens plus étroits et désintéressés entre ceux-là
même qui les formèrent et en firent des modes de leur
personnalité. Ainsi les idées pures, ceux qui les con-
çurent, ceux qui les provoquèrent et qui s'adorèrent
en elles, tous, sublimisés et enlevés par le courant de
l'Evolution bienfaisante, nous montons, *éternellement
réunis*, dans l'Universel.

Imprimerie de « L'ÉDITION », 4, rue de Furstenberg, Paris.